MEHR SPASS BEIM SEX

Anne Hooper
Mehr Spass beim Sex

Bassermann

Ein Dorling Kindersley Buch

ISBN 3 8094 1200 7
© der deutschen Ausgabe 2002 by Bassermann Verlag
in der Verlagsgruppe FALKEN/Mosaik,
einem Unternehmen der Verlagsgruppe
Random House GmbH, 81673 München
© der englischen Originalausgabe 1996 by
Dorling Kindersley Limited, London
© Text Copyright 1996 Anne Hooper
Originaltitel: Anne Hooper's Sexual Intimacy
© der deutschen Originalausgabe by Verlagsgruppe
FALKEN/Mosaik, einem Unternehmen der Verlagsgruppe
Random House GmbH, 81673 München
Die Verwertung der Texte und Bilder, auch auszugsweise, ist ohne
Zustimmung des Verlags urheberrechtswidrig und strafbar.
Dies gilt auch für Vervielfältigungen, Übersetzungen,
Mikroverfilmung und für die Verarbeitung
mit elektronischen Systemen.
Übersetzung: Beate Gorman
Herstellung für diese Ausgabe: Eva Kumar

Die Ratschläge/Informationen in diesem Buch sind von der
Autorin und vom Verlag sorgfältig erwogen und geprüft, dennoch
kann eine Garantie nicht übernommen werden. Eine Haftung der
Autorin bzw. des Verlags und seiner Beauftragten für Personen-,
Sach- und Vermögensschäden ist ausgeschlossen.

Satz: Filmsatz Schröter GmbH, München
Druck: Eurografica S.p.A., Marano Vicentino
Printed in Italy

121110460197X817 2635 4453 6271

Vorwort

In den letzten zehn Jahren habe ich immer häufiger festgestellt, daß sich die Männer und Frauen, die in meine Beratung kommen, in zunehmendem Maß Sorgen um die Qualität ihrer Beziehung machen. Sie sind zwar der Meinung, daß Sex sehr wichtig ist, aber von genauso großer Bedeutung ist dieses undefinierbare Etwas, das Gefühl nämlich, daß die Beziehung zwischen ihnen funktioniert und befriedigend ist. Gemeint ist damit die Qualität der Intimität.

Sie alle reagieren zunächst mit Verwunderung, wenn ich ihnen erkläre, daß Intimität eigentlich nichts mit Sexualität zu tun hat, auch wenn sie großen Einfluß auf die sexuelle Erfahrung haben kann. Denn die meisten Menschen gehen irrtümlich davon aus, Intimität sei gleichbedeutend mit Sex. Das trifft jedoch nicht zu. Intimität hat genauso viel mit Gefühlen zu tun, schließlich hängt die Fähigkeit, intime Beziehungen zu anderen aufzubauen, ganz davon ab, was für ein Mensch man ist. Sie hat also mit dem eigenen Ich zu tun.

Mit diesem Ich, das im wesentlichen in der Kindheit geprägt wurde, werde ich nun in Gestalt eines Erwachsenen in meinem Praxisalltag konfrontiert. Probleme entstehen meist dann, wenn Partner unterschiedliche Vorstellungen mit dem Begriff Intimität verbinden. Meine Aufgabe als Therapeutin besteht darin, beiden Partnern zu gegenseitigem Verstehen zu verhelfen. Und das kann sehr aufregend sein. Selbst starke Männer und Frauen brechen dabei bisweilen in Tränen aus. Doch schließlich teilen sie einander ihre Gefühle mit und entwickeln neue Zärtlichkeit und Sympathie füreinander. Ich hoffe dann immer, daß sie einander in der Zukunft zumindest mit größerem Verständnis begegnen werden. Und das erhoffe ich mir auch für Sie als Leser dieses Buches.

Anne Hooper

INHALT

EINFÜHRUNG 8
ZU DIESEM BUCH 12

SICH SELBST KENNENLERNEN 15
BEDÜRFNIS NACH SELBSTERKENNTNIS 16
RICHTIG FÜR MICH 18
ERWARTUNGEN 20
Gegensätzliche Erwartungen 22
FAMILIÄRE EINFLÜSSE 26
Hemmungen 28
ÜBUNGSPLAN 32

DEN PARTNER KENNENLERNEN 33
DIE GEFÜHLE DES PARTNERS 34
VERHALTENSMUSTER 36
GEFÜHLE BESSER VERSTEHEN 38
Nicht gut im Bett? 40
UNTERSCHIEDLICHE EINSTELLUNGEN 44
Kulturbedingte Konflikte 46
WERTENORMEN 50
Sexualverlangen 52
ÜBUNGSPLAN 56

KOMMUNIZIEREN LERNEN 57
DIE ROLLE DER KOMMUNIKATION 58
GESPRÄCHE 60
Ständiges Unterbrechen 62
ZUHÖREN 66
Einseitige Gespräche 68
VERHANDELN 72
Ein Pause vom Sex 74
HANDELN 78
Eine offene Ehe 80
ÜBUNGSPLAN 84

KÖRPERSPRACHE 85
DER KÖRPER SPRICHT 86
KÖRPERSPRACHE EINSETZEN 88
Eine reifende Beziehung 90
KÖRPERSPRACHE IM BETT 94
Ernsthafte Konkurrenz 96
KÖRPERKONTAKT 100
Auseinanderdriften 102
ÜBUNGSPLAN 106

GRÖSSERE INTIMITÄT 107
SOZIALE UND SEXUELLE FAKTOREN 108
SUCHE NACH INTIMITÄT 110
Zu müde für Sex 112
DIE INTIMITÄT STEIGERN 116
Gegensätzliche Auffassungen 118
ÜBUNGSPLAN 122

EXTREME GEFÜHLE 123
MIT GEFÜHLEN DES ANDEREN UMGEHEN 124
WUT 126
Süchtig nach Wut 128
MIT WUT UMGEHEN 132
DEPRESSIONEN 134
Mangelndes Verlangen 136
DEPRESSIONEN ÜBERWINDEN 140
EIFERSUCHT 142
Mißtrauen und Schuldgefühle 144
DIE EIFERSUCHT BESIEGEN 148
TRAUER 150
Ein Neubeginn 152
MIT TRAUER UMGEHEN 156

REGISTER 158
WEITERFÜHRENDE LITERATUR 160

Einleitung

Die meisten von uns suchen in einer Ehe oder einer anderen auf Dauer angelegten Liebesbeziehung nach Intimität. Die Intimität ist es auch, die wir mit am schmerzlichsten vermissen, wenn eine Beziehung zu Ende geht. Im Grunde sind sich alle Liebenden darin einig, daß Sexualität wichtig ist, um eine zärtliche Beziehung langfristig aufrechtzuerhalten.

Sexuelle Intimität bildet einen wichtigen Teil des Vertrauens, das für jede Ehe entscheidend ist. Ihr Verlust kann zur Aushöhlung der Beziehung führen, und man wird dann nur schwer jene Nähe wiederfinden, die man einmal für den Partner empfunden hat, selbst wenn die Ehe jahrelang stabil gewesen zu sein scheint.

Ist die sexuelle Beziehung unbefriedigend, kommt es fast unausweichlich zum Entzug von Liebe und Vertrauen. Liebe und Vertrauen sind daher die Grundvoraussetzungen, um sexuelle Intimität innerhalb einer Beziehung aufbauen und aufrechterhalten zu können.

Guter Sex, der beiden Vergnügen bereitet und (hoffentlich) zum Orgasmus führt, ist deshalb sehr wichtig. Doch wie ist es um die anderen Seiten der Intimität bestellt, die direkten Einfluß darauf haben, wie man Sex erlebt? Wie die Beziehung insgesamt funktioniert, das hat auch Auswirkungen darauf, wie Sie im Bett miteinander umgehen. Und wie Ihre Beziehung aussieht, hängt davon ab, wie groß die Übereinstimmung zwischen Ihnen ist, und wie Sie mit den Lebensbereichen umgehen, in denen Sie nicht so gut harmonieren.

Den Hintergrund erforschen

Erst wenn Sie den eigenen Hintergrund und den des Partners richtig kennen, wird verständlich, was Ihr beider Ich geprägt hat. Ihr Ich – das sind Einstellungen, Moralvorstellungen, Weltanschauung und persönliche Normen, die Ihnen im wesentlichen vor dem siebten Lebensjahr vermittelt wurden. Wie diese Ansichten aussehen, hängt davon ab, als wievieltes Kind Sie geboren wurden, welche Familienmitglieder den stärksten Einfluß auf Sie hatten, aber auch davon, ob Sie diese frühen Lehren verstanden und die richtigen Schlußfolgerungen daraus gezogen haben.

Haben Sie sich diese Faktoren bewußt gemacht, können Sie ein persönliches Profil Ihrer Einstellungen erstellen und dann den nächsten Schritt tun. Dabei vergleichen Sie Ihr Profil mit dem Ihres Partners oder Ihrer Partnerin. So erfahren Sie, in welchen Punkten Sie als Paar zusammenpassen beziehungsweise sich unterscheiden.

Diese Informationen werden Ihnen eine wertvolle Hilfe sein und es Ihnen erleichtern, Liebe zu geben und anzunehmen. Mit Unterstützung und Ermutigung

Sex und Beständigkeit
Eine Ehe scheitert seltener, wenn beide sich mit ihrem Körper wohl fühlen und die Sexualität genießen.

können Sie an jenen Bereichen arbeiten, wo Ihnen die Unterschiede Probleme bereiten.

DIE SEXUELLEN VORBILDER SICH BEWUSST MACHEN

Als Sexualtherapeutin komme ich mit vielen Paaren zusammen, die über sexuelle Probleme klagen. Oft können sie mir jedoch nicht genau sagen, worin diese eigentlich bestehen. Sie wissen, daß irgend etwas nicht in Ordnung ist, können aber das Problem nicht benennen. Nenne ich dann das Zauberwort »Intimität«, greifen sie es sofort auf. »Genau das ist es!« sagen sie dann. Irgendwie ist in Ihrer Beziehung die Intimität verlorengegangen.

Meine erste Aufgabe besteht also darin, festzustellen, warum es an dieser so schwer zu definierenden Eigenschaft mangelt. Zu diesem Zweck versuche ich, herauszufinden, wie das Klima in der Beziehung aussieht. Dazu befrage ich meine Patienten nach der Beziehung der Eltern. Ich ermutige sie, über ihre Eltern nachzudenken, und zwar nicht nur darüber, ob sie glücklich waren, sondern wie sie sich zueinander verhielten. Haben sie sich liebevoll berührt? Haben sie sich umarmt, ihre Liebe auch gezeigt und verbal geäußert? Die nächsten Fragen lauten: »Wie haben die Mitglieder Ihrer Familie miteinander kommuniziert? War der Umgang liebevoll? Wurden sie laut, wenn sie wütend waren? War es verboten, Wut zu äußern? Wurden Sie eher bestraft oder ermutigt?«

Die Antworten auf diese Fragen lassen sich zu einem emotionalen Hintergrund zusammensetzen, zu einem Mosaik, das sich aus den Erfahrungen ergibt, die Sie in Ihren Entwicklungsjahren gemacht und die Ihre Erwartungen an eine enge Beziehung geprägt haben. Für Sie als Individuum sind dies die Eigenschaften, die eine Beziehung und eine Familie kennzeichnen. Lernen Sie einen Menschen kennen, der einen ähnlichen familiären Hintergrund hat, ist im späteren Leben alles in Ordnung. Sie werden wahrscheinlich feststellen, daß Sie beide sehr gut miteinander harmonieren und das Verhalten des Partners instinktiv verstehen. Sie können Zugeständnisse machen, wo es nötig ist, und dem anderen Liebe und Unterstützung geben.

Zu Schwierigkeiten kommt es dann, wenn Sie und Ihr Partner einen sehr unterschiedlichen Hintergrund haben. Dann wird Ihnen vieles fremd und das intuitive Verständnis füreinander wird sehr gering sein. Aufgrund Ihres unterschiedlichen Hintergrundes entwickeln Sie verschiedene emotionale Erwartungen hinsichtlich dessen, was für Sie in einer Ehe wichtig ist. Werden Ihre Erwartungen nicht erfüllt, können selbst kleine Probleme ein ungeheures Ausmaß an-

GEGENSEITIGES GEBEN
Liebe kann man auf vielfältige Weise zeigen, auch durch einfache Gefälligkeiten und gegenseitige Körperpflege.

EINLEITUNG

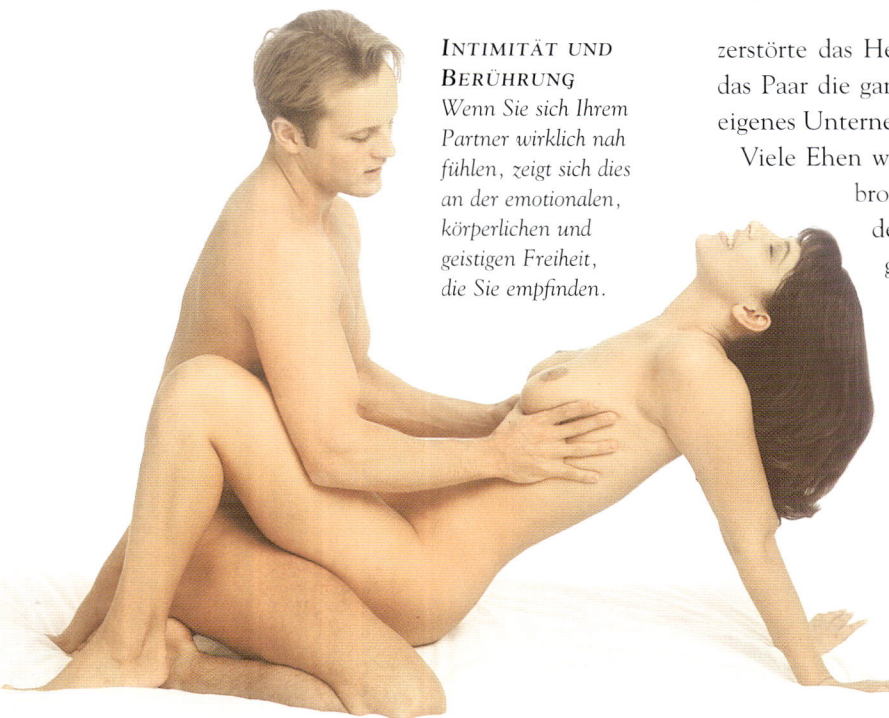

INTIMITÄT UND BERÜHRUNG
Wenn Sie sich Ihrem Partner wirklich nah fühlen, zeigt sich dies an der emotionalen, körperlichen und geistigen Freiheit, die Sie empfinden.

nehmen, so daß sich Unmut breitmacht und die Beziehung leidet.

So ergeht es auch den ratlosen Paaren, die Hilfe suchen. Doch die Aussichten sind nicht immer hoffnungslos. Viele dauerhafte Beziehungen haben uns gelehrt, daß es nicht die Schwierigkeiten in unserem Leben sind, die uns unglücklich machen, sondern die Art und Weise, wie wir uns damit auseinandersetzen.

EIN ERFOLGSREZEPT

Wir alle sind schon einmal Paaren begegnet, die vom Unglück verfolgt zu sein scheinen. Und trotzdem wirken diese Menschen äußerst glücklich. Zum Beispiel Norbert und Gerda: Beide hatten jung geheiratet und lebten noch bei Verwandten, als bereits das erste Kind kam. In den folgenden 15 Jahren folgten eine schlimme Krankheit – Gerda litt an Brustkrebs –, eines ihrer Kinder wurde bei einem Autounfall schwer verletzt, eine Tochter war magersüchtig, und ein Feuer zerstörte das Heim der Familie. Und doch arbeitete das Paar die ganze Zeit über hart und versuchte, ein eigenes Unternehmen aufzubauen.

Viele Ehen wären unter solchen Bedingungen zerbrochen, doch Norbert und Gerda standen zueinander und unterstützten sich gegenseitig als liebevolle Gefährten. Sie genossen das gemeinsame Leben, obwohl es kaum vorstellbar scheint, derartige Schicksalsschläge so unbeschadet zu überstehen. Wie war das möglich?

Es ist wohl auf die Tatsache zurückzuführen, daß beide aus Familien mit ähnlichem Hintergrund stammten. Sie waren in einer armen ländlichen Gemeinde aufgewachsen, wo sie lernten, daß man nur als solidarische Gemeinschaft überleben kann. Als Kinder hatten sie miterlebt, daß die eigenen Eltern zu diesem Zweck Meinungsverschiedenheiten überwanden.

Sie übernahmen die Methoden, die sie von den Eltern erlernt hatten, und indem sie Probleme lösten, sich mit der Wut des Partners auseinandersetzten und diese Wut nicht persönlich nahmen, gelang es ihnen, sich aus den eigenen Zwangslagen zu befreien. Mit der Zeit erkannten sie, daß sie allein aufgrund der Tatsache, überlebt zu haben, eine dauerhafte Perspektive für die Zukunft gefunden hatten. Selbst wenn noch mehr Schwierigkeiten auf sie zukommen sollten (was dann auch der Fall war), würden sie sie meistern.

Die Erwartungen des Paares waren realistisch – das Leben würde nicht immer glücklich verlaufen. Beide gingen davon aus, daß ihnen das Glück nicht einfach in den Schoß fallen würde, sondern daß sie dafür arbeiten mußten.

Die Kommunikation des Paares funktionierte. Jeder verstand die Worte, Handlungen und Gesten des anderen. Es mag zwar merkwürdig klingen, aber da wir alle aus unterschiedlichen Familien stammen, erleben wir ein und dieselbe Situation jeweils anders. Norbert und Gerda hingegen hatten dieselbe Sichtweise. Außerdem besaßen beide genug Selbstbewußtsein, sich nicht persönlich angegriffen zu fühlen, wenn der andere ein Problem hatte oder sich über etwas beklagte. Beide lernten, trotz der Schwierigkeiten an den Bestand ihrer Beziehung zu glauben.

PROBLEME LÖSEN

Ich würde sogar noch weiter gehen. Denn ich glaube, es ist es das Abenteuer, persönliche Schwierigkeiten in Angriff zu nehmen und mit Erfolg zu bewältigen, das eine Beziehung am Leben erhält. Wie viele Paare kennen Sie, die bereits seit vielen Jahren zusammenleben, deren Beziehung aber tot ist?

Glücklicher Norbert, glückliche Gerda, werden Sie jetzt denken. Sie scheinen mit den richtigen Eigenschaften geboren zu sein. Doch was ist mit uns normal Sterblichen, die diese Vorzüge nicht haben? Welche Hoffnung gibt es für uns?

NEUE IDEEN
Es gibt keinen Grund, beim Liebesspiel an einem eingespielten Muster festzuhalten. Hin und wieder etwas Neues auszuprobieren, kann eine aufregende Abwechslung sein.

AN DER BEZIEHUNG ARBEITEN

Selbst wenn wir nicht das Glück hatten, mit den gerade beschriebenen Eigenschaften geboren zu sein, so können wir sie doch erlernen. Außerdem können wir mehr Selbstbewußtsein entwickeln und Techniken erlernen, die uns helfen, mit Problemen wie Wut und Depressionen fertig zu werden. Diese Techniken ermöglichen es uns auch, Freunde und Verwandte positiv zu beeinflussen, und sie fördern unsere persönliche Ausstrahlung.

Je früher die Partner in einer Beziehung Verständnis füreinander entwickeln, desto geringer ist die Gefahr, daß sich Groll breitmacht und die Liebe aus der Beziehung entschwindet. Ideal wäre es, wenn wir einen solchen Schnellkursus für persönliche Beziehungen bereits in Betracht zögen, bevor wir eine langfristige Bindung eingehen. Doch wenn Sie bereits in einer Beziehung stecken und mit Problemen zu kämpfen haben, können Sie zumindest einige der in diesem Buch beschriebenen Methoden ausprobieren.

Das Ziel dieses Buches besteht also darin, Ihnen und Ihrem Partner dabei zu helfen, genau herauszufinden, was Sie von einer engagierten Beziehung erwarten. Es zeigt, wie man in schwierigen Situationen Lösungen findet und wie man eine gute Beziehung zu etwas ganz Aufregendem und Einzigartigem machen kann.

ENTSPANNEN!
Wenn Sie sich Zeit für sich selbst nehmen, können Sie anderen gegenüber großzügiger sein.

Zu diesem Buch

Mit diesem Buch möchte ich Einsichten in die komplexe emotionale Seite liebevoller Beziehungen vermitteln. Ich zeige Ihnen, wie Sie diese Erkenntnisse zum Verstehen und Lösen möglicher Schwierigkeiten nutzen können. Egal, wie Ihre Probleme aussehen und wie belastend sie sein mögen – die Freude, gemeinsam an diesen Schwierigkeiten zu arbeiten, oder die Erleichterung, von einer unglücklichen Situation befreit zu werden, wiegt den ursprünglichen Schmerz leicht auf.

Eine der besten Möglichkeiten, mit Beziehungsproblemen fertig zu werden, besteht darin, sich damit zu befassen, wie andere ähnliche Situationen gehandhabt haben. Daher verwende ich zur Veranschaulichung Material aus zahlreichen Fallstudien von Paaren, die sich von mir haben beraten lassen. Jedes Kapitel ist einem typischen Problem gewidmet, gefolgt von der detaillierten Beschreibung einer Fallstudie sowie der Problemlösung.

Am Ende jedes Kapitels finden Sie eine Zusammenfassung der Übungen und Techniken, die von den vorgestellten Paaren zur Lösung des Problems eingesetzt wurden. Sie bieten Ihnen einen leicht zu befolgenden Leitfaden für Ihre eigene Beziehung.

Sich selbst kennenlernen

Da Selbsterkenntnis eine Voraussetzung dafür ist, die eigene Beziehung zu anderen zu verstehen, wird im ersten Kapitel, *Sich selbst kennenlernen*, gezeigt, wie bereits in unserer frühen Kindheit der Grundstein für unsere späteren Einstellungen, Moralvorstellungen, Ansichten und persönlichen Gebote gelegt wird.

Wenn Sie sich selbst kennen und über Ihre Stärken und Grenzen Bescheid wissen, fällt es viel leichter, sich ruhig mit einem Problem auseinanderzusetzen und eine rationale, positive Einstellung dazu zu finden. Dieses Kapitel bietet daher einfache, aber effektive Methoden, um zu entdecken, wie Ihre persönliche Geschichte Ihre jetzige Persönlichkeit und Ihre

Graphische Darstellungen und Diagramme liefern nützliche Zusatzinformationen

Kästen, in denen die Fallgeschichten dargestellt werden, geben Ihnen weitere Informationen und Ratschläge

ZU DIESEM BUCH

Einstellung zu Beziehungen geformt hat. Es zeigt, wie man Einsichten in seine persönlichen Wert- und Moralvorstellungen und die Erwartungen an eine Beziehung gewinnen kann, und wie all dies vom Familienhintergrund beeinflußt wird.

DEN PARTNER KENNENLERNEN

Das zweite Kapitel, *Den Partner kennenlernen*, baut auf dem ersten auf und beschreibt, wie die Partner in einer Beziehung lernen können, die Einstellungen und Gefühle des anderen zu interpretieren, so daß es zu tieferem, gegenseitigem Verständnis kommt. Darüber hinaus werden Probleme diskutiert, die durch einen unterschiedlichen Hintergrund oder gegensätzliche Wertvorstellungen hervorgerufen werden. Dazu finden Sie Informationen, wie man Kompromisse eingeht und Anpassungen vornimmt, um die Schwierigkeiten möglichst gering zu halten.

Die vorgeschlagenen Übungen können wie alle anderen auch auf verschiedenste – große oder kleine – Beziehungsprobleme angewandt werden. Je besser Sie Ihren Partner kennen, desto wahrscheinlicher ist es, daß sie seine Bedürfnisse erkennen und sie dann angemessen erfüllen können. Selbst eine stabile und liebevolle Beziehung kann noch verbessert werden. Sie müssen nicht erst warten, bis Probleme auftreten, bevor Sie die entsprechenden Schritte einleiten.

KOMMUNIZIEREN LERNEN

Der Schlüssel für harmonische Beziehungen ist gute Kommunikation. Dadurch werden Mißverständnisse ausgeschaltet, und es wird sichergestellt, daß beide Partner die Vorlieben, Abneigungen und Wünsche des anderen kennen und aus persönlichen Unterschieden keine Probleme entstehen. Außerdem können beide so gegenseitig Gefühle der Wärme und Intimität entwickeln und aufrechterhalten.

In dem Kapitel *Kommunizieren lernen* beschreibe ich die Fähigkeiten, die wir brauchen, um frei, aber taktvoll mit dem Partner zu reden oder ihm gut zuzuhören. Sie erfahren, wie Sie diese Fähigkeiten zur Lösung von Problemen einsetzen können, indem Sie verhandeln und Kompromisse eingehen, und wie man vereinbarte Lösungen durchführen und die gegenseitigen Versprechungen halten kann.

Alle in diesem Kapitel beschriebenen Techniken können natürlich auch wieder in anderen Bereichen eingesetzt werden. Werden sie allerdings bei Beziehungsproblemen angewandt, kann die Nähe, die Sie bei einem Menschen spüren, mit dem Sie gut kommunizieren, viel dazu beitragen, die Wogen zu glätten, wenn es in Ihrer Partnerschaft einmal weniger harmonisch zugeht. Leider kann schlechte Kommunikation bei einem Paar zu folgenschweren Mißverständnissen führen.

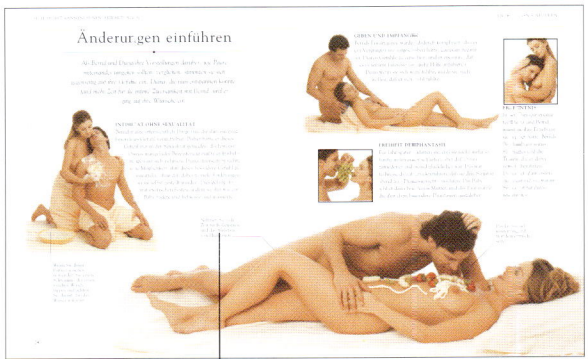

Anmerkungen weisen auf wichtige Merkmale der einzelnen Fallgeschichten hin

Schritt für Schritt erläuterte Verfahren helfen Ihnen, aktiv zu werden

PRAKTISCHE TIPS
Anhand von Fallbeispielen wird ein typisches Problem beschrieben und gezeigt, wie es gelöst werden kann. Hier lernen Sie die Probleme des betroffenen Paares kennen und erfahren, wie therapeutische Übungen bei ihrer Überwindung halfen. In den Übungsplänen werden sie Schritt für Schritt beschrieben, so daß Sie sie auch auf Ihre eigene Beziehung anwenden können.

KÖRPERSPRACHE

Eine wichtige, aber häufig vernachlässigte Art der Kommunikation sind die zahllosen nonverbalen Informationen, die wir einander vermitteln, ohne uns dessen bewußt zu sein.

Man schätzt, daß bei direkten Gesprächen bis zu 65 Prozent der ausgetauschten Informationen nonverbal, also durch Gesten und Berührungen, mitgeteilt werden. Wenn Sie nun wissen, auf welche optischen und taktilen Hinweise Sie achten sollten, wenn Sie sich mit jemandem unterhalten, werden Sie seine Gefühle besser verstehen. Im Kapitel *Körpersprache* erkläre ich, wie man zwischen positiver und ablehnender Körpersprache unterscheiden kann. Ich hoffe, daß Sie so die Verwirrung vermeiden können, die entstehen kann, wenn die Zeichen, die der Partner einem gibt, falsch gedeutet werden. Sie erfahren hier, wie Sie mit Hilfe Ihres Körper mit Ihrem Partner »sprechen« können. Außerdem schlage ich einige einfache Möglichkeiten vor, wie Sie Berührungen einsetzen können, um Ihrem Partner zärtliche und liebevolle Gefühle mitzuteilen.

NÄHE AUFBAUEN
Auch wenn es harter Arbeit bedarf – eine stabile und liebevolle Beziehung beweist sich in allen Lebenslagen.

GRÖSSERE INTIMITÄT

Sexuelle Intimität wurde einmal beschrieben als »jenes wunderbare Gefühl von Wärme und Fürsorge und Zärtlichkeit, das sich durch das Liebesspiel entwickelt«. Intimität ist sicherlich das wichtigste Gefühl, das Menschen in einer Beziehung suchen, und ihr Verlust wird als sehr schmerzlich empfunden.

Natürlich hat Intimität auch viele Seiten, die nichts mit der Sexualität zu tun haben, doch es ist oft gerade der Verlust der körperlichen Nähe, der die Aushöhlung einer Beziehung auslöst. Im Kapitel *Größere Intimität* diskutiere ich, warum die meisten Menschen sexuelle Intimität brauchen, damit ihre Beziehung funktioniert. Außerdem gehe ich auf die sozialen und sexuellen Faktoren ein, die sie beeinflussen, und darauf, wie man sie wiedergewinnen kann, wenn sie verlorengegangen ist.

EXTREME GEFÜHLE

Wut, Depression, Eifersucht und Trauer sind mächtige Gefühle, die selbst eine stabile Beziehung zerstören können. Das letzte Kapitel dieses Buches, *Extreme Gefühle*, zeigt praktische Möglichkeiten auf, um mit den intensiven, nicht selten sogar zerstörerischen Kräften fertig zu werden, die durch solche Gefühle ausgelöst werden können. Da sie so komplex und oft überwältigend sind, enthält dieses Kapitel umfangreiche Informationen dazu, wie man mit ihnen umgehen kann.

Sie finden hier praktische Ratschläge dazu, wie man sich mit extremen Gefühlen auseinandersetzt und sich von ihnen erholt oder sie eindämmt. Es spielt dabei keine Rolle, ob Sie oder Ihr Partner unter diesen Emotionen leiden. Sie lernen, sich mit solchen Problemen zu konfrontieren und den damit einhergehenden emotionalen Aufruhr besser zu verstehen.

SICH SELBST KENNENLERNEN

Haben Sie sich je gefragt, warum Sie auf bestimmte Situationen ganz charakteristisch reagieren? Erst wenn Sie entdecken, was Ihre Moralvorstellungen, Normen und Verhaltensweisen geprägt hat, können Sie sich wirklich selbst verstehen.

SICH SELBST KENNENLERNEN

BEDÜRFNIS NACH SELBSTERKENNTNIS

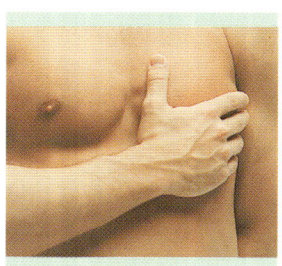

Wenn wir heranwachsen, entwickeln wir uns sowohl emotional als auch körperlich. Das Gehirn wächst und speichert alle Daten, die wir in der Familie und später bei Freunden aufnehmen. Ganz selbstverständlich entwickeln wir unter anderem auch eine Vorstellung davon, wie eine Ehe funktioniert. Für die meisten von uns ist das die Ehe, mit der wir tagtäglich konfrontiert werden, nämlich die Ehe unserer Eltern.

Wir neigen zu der Erwartung, daß die eigene Ehe ähnlich wie die der Eltern verlaufen wird, und so gestalten wir sie unbewußt ebenfalls nach diesem Muster. Aufgrund unserer Erwartungen (*siehe Seite 20*) gehen wir davon aus, daß unser gesamtes Leben nach bestimmten Mustern verlaufen wird, ähnlich denen, die wir als Kinder kennengelernt haben. In einer Ehe funktioniert das sehr gut, wenn beide Partner ähnliche Erwartungen haben. Unterschiedliche Erwartungen können jedoch Probleme verursachen.

UNTERSCHIEDLICHE VORSTELLUNGEN
Gelegentlich haben die Partner unterschiedliche Vorstellungen von der Ehe. Das ist darauf zurückzuführen, daß sich ihre Erwartungen in der frühen Kindheit anders entwickelt haben. Ein Mann, der sich von der Ehe sexuelle Intimität erträumt, wird sein Eheleben als unbefriedigend empfinden, wenn seine Frau ehelichen Sex nur als Möglichkeit sieht, Kinder zu bekommen. Ihre Erwartungen an die Ehe passen eindeutig nicht zueinander.

ANPASSUNG
Selbst wenn Sie sich dieser prägenden Einflüsse bewußt sind und sich davon lösen wollen, stellen Sie möglicherweise fest, daß die Umstände Sie zwingen, sich anzupassen. Diese Anpassung kann eine Bedrohung für Ihre Beziehung darstellen, und zwar nicht nur, weil sie Sie frustriert und unzufrieden macht. Sie kann auch dazu führen, daß Sie Ihrem Partner die Schuld daran geben, daß Sie Ihre Vorstellung nicht verwirklichen konnten. Wenn Sie beispielsweise viel reisen wollten und gehofft haben, diesen Wunsch mit Ihrem Partner verwirklichen zu können, machen Sie ihn vielleicht dafür verantwortlich, wenn die Umstände – Arbeit, Geldmangel oder familiäre Pflichten – Sie daran hindern.

Wenn wir schon vorher um diese Dinge wüßten, könnten wir uns viel Schmerz und Kummer ersparen. Wahrscheinlich meinen Sie, es sei unmöglich, aber Sie können diesem Ziel recht nahe kommen. Deshalb ist die Selbsterkenntnis von so großer Bedeutung. Kennen Sie Ihre Erwartungen – vielleicht auch nur teilweise –, ist es möglich, sie mit denen des Partners zu vergleichen. Wenn Sie beide wissen, was Sie voneinander erwarten, werden Sie sowohl die eigenen als auch die Bedürfnisse des anderen besser verstehen.

ERWARTUNGEN

Wenn Ihre Vorstellungen vom Leben und davon, wie dauerhafte Beziehungen funktionieren sollten, den Ansichten Ihres Partners entsprechen, können Sie grünes Licht geben. Wenn sie nicht übereinstimmen, haben Sie zwei Möglichkeiten: Sie können die Beziehung aufkündigen, auch wenn dies schwerfällt, oder Sie können einander Spielraum gewähren. Dies verspricht jedoch nur dann Erfolg, wenn Sie beide den eigenen Hintergrund und den des Partners voll verstehen.

Wenn Sie beide wissen, wonach der andere sucht, und Sie dann versuchen, seine Hoffnungen zumindest teilweise zu erfüllen, empfinden Sie Ihre Hoffnungen, Wünsche und Ziele (und die Ihres Partners) aufgrund dieser Verständigungsbereitschaft als weniger erdrückend. Außerdem haben Sie dann eine klare Vorstellung davon, wie Sie einander glücklich machen können. Dies kann ein weiterer Anreiz sein, es auch tatsächlich zu tun.

BEGLEITENDE FAKTOREN

Unsere unbewußte Vorstellung davon, was das Ich ausmacht, wird von verschiedenen Faktoren bestimmt. Zu den wichtigsten gehören jedoch jene, die ihren Ursprung im familiären Hintergrund haben. Dazu gehört die Stellung in der Rangfolge der Geschwister (*siehe Seite 26*), da sie Auswirkungen auf das Wechselspiel mit den nächsten Familienmitgliedern hat, die eine entscheidende Rolle bei der Ausformung der eigenen Ansichten spielen. Ebenso spiegeln sich die Moralvorstellungen Ihrer Familie – was als falsch oder richtig bewertet wurde – in Ihren Auffassungen wider, selbst wenn Sie sich dagegen aufgelehnt haben.

INTIMITÄT DURCH SELBSTERKENNTNIS
Klare Selbsterkenntnis kann eine Beziehung stärken, so daß Sie Ihrem Partner Ihre Bedürfnisse, Wünsche und Erwartungen ganz selbstverständlich mitteilen können.

RICHTIG FÜR MICH

Wir neigen zu der Annahme, all unsere Freunde hätten dieselben Wertvorstellungen wie wir, und selbst wenn wir gegen unsere Grundprinzipien verstoßen, glauben wir, wir alle würden gegen dieselben Prinzipien verstoßen. Die Moralvorstellungen jedes einzelnen Menschen sind jedoch ganz einzigartig und resultieren aus seiner Familie (siehe Seite 20) und seiner direkten Umgebung.

Die Moralvorstellungen eines einzelnen oder einer Gruppe mögen ungewöhnlich erscheinen, doch das verhindert nicht, daß sie genau eingehalten und gewissenhaft befolgt werden, selbst wenn andere sich darüber lustig machen oder diese Vorstellungen sogar verurteilen. Es gibt beispielsweise Menschen, die in dem Glauben aufwuchsen, es sei schlecht, andere durch Konkurrenzverhalten zu verletzen, so daß sie in der Schule errungene Preise zurückgeben mußten. Andere wiederum glauben, es sei schlecht, wenn eine Frau ihre Jungfräulichkeit bereits vor der Ehe verliert. Manchen Männern und Frauen würde es nicht im Traum einfallen, zu Hause nackt herumzulaufen – auch dann nicht, wenn sie allein sind –, weil ihr Schamgefühl es ihnen verbietet. Bei anderen ist das Schamgefühl sogar so stark ausgeprägt, daß sie sich nicht einmal vor ihrem Partner nackt zeigen.

MORALVORSTELLUNGEN ÄNDERN

Die folgenden Beispiele sollen zeigen, daß jeder von uns sehr unterschiedliche Moralvorstellungen hat und daß wir einen großen Fehler begehen, wenn wir annehmen, daß andere sie mit uns teilen. Haben zwei Menschen jedoch einen ähnlichen Hintergrund, kann man davon ausgehen, daß sich ihre Moralvorstellungen ähneln. Tatsächlich hat jedes Wertesystem seine Berechtigung, vorausgesetzt, es steht nicht in krassem Widerspruch zu den Vorstellungen der Gesellschaft und der Menschen, die einem nah sind. Doch Moralvorstellungen können sich auch ändern. Vor dreißig, vierzig Jahren galt vorehelicher Sex als unmoralisch – eine Norm, von der man in der westlichen Welt inzwischen vollkommen abgekommen ist.

WIDERSPRÜCHLICHE MORALVORSTELLUNGEN

Das Problem, was richtig oder falsch ist, wird noch komplizierter, wenn wir uns näher mit den sogenannten »guten« Menschen befassen. Manche dieser »guten« Menschen versuchen so lediglich, ihr eigenes Perfektionsstreben zu befriedigen. Während wahrhaft gute Menschen das Wohl anderer Menschen im Auge haben,

---

Eltern
Freunde
Partner

PERSÖNLICHE MORALVORSTELLUNGEN

Erziehung

Arbeit

Überzeugungen
Religion

MORALISCHE EINFLÜSSE
Unser ganzes Leben hindurch werden unsere Moralvorstellungen nicht nur von den eigenen Gedanken und Gefühlen geprägt, sondern auch von unzähligen äußeren Einflüssen.

befriedigen die Moralapostel nur ihr persönliches Überlegenheitsgefühl (*siehe Seite 37*), was bedeutet, daß sie stets »besser« sein müssen als alle anderen. Es überrascht nicht, daß die wenigsten dieser Menschen den eigenen hohen Ansprüchen gerecht werden, so daß viele von ihnen entweder unter ernsten Depressionen leiden oder ihren Mitmenschen das Leben schwermachen. Wenn man sich also die Zeit nimmt, die eigenen Moralvorstellungen und die des Partners zu erforschen, kann man zumindest verhindern, daß man seine Liebsten unterdrückt.

KONFLIKTE VERMEIDEN

Tut Ihr Partner etwas, das Sie in Wut versetzt, fällt es schwer, das nicht persönlich zu nehmen. Man sollte daher zu verstehen versuchen, worauf das Verhalten des Partners zurückzuführen ist. Die Moral ist einer jener Bereiche, in denen es erhebliche Unterschiede gibt, die jedoch nicht unbedingt von persönlichen Überzeugungen abzuleiten sind. Anhand der folgenden Fragen können Sie sich ein Bild von Ihrem Moralkodex und dem Ihres Partners machen. So lernen Sie zu verstehen, ob und wie sich die Auffassungen und Moralvorstellungen Ihres Partners von den Ihren unterscheiden. Sie haben dann die Wahl, diese Unterschiede zu tolerieren oder eine Anpassung vorzunehmen, um Konflikte möglichst zu vermeiden.

MORALISCHE KONFLIKTE
Petra geriet in einen moralischen Konflikt, als ihr Mann ihr das Gefühl gab, Ehebruch sei ihre einzige Zuflucht (siehe Seite 144–147)

PERSÖNLICHE MORALVORSTELLUNGEN

Es gibt bestimmte Fragen, die Sie zu Problemen stellen können, mit denen Sie jetzt (oder früher) konfrontiert werden. Als Beispiel habe ich die Einstellung zur Untreue gewählt. Schreiben Sie kurze Antworten zu diesen Fragen auf. Anschließend vergleichen Sie die Antworten mit denen Ihres Partners und diskutieren, wie Sie möglicherweise vorhandene Unterschiede in Einklang bringen können.

1. Wie sehen meine Moralvorstellungen zur Untreue aus? (Gibt es beispielsweise Umstände, die es rechtfertigen, mit einem anderen Menschen als mit dem Partner zu schlafen? Gibt es Umstände, unter denen es auf keinen Fall richtig wäre, mit einem anderen zu schlafen? Ist es überhaupt vertretbar?)
2. Woher stammen meine Überzeugungen zum Thema Untreue? (Die Meinung der Eltern, die in die Brüche gegangene Ehe der Eltern, Beispiele aus dem Freundeskreis?)
3. Welchen Einfluß hat meine religiöse Überzeugung auf meine Moralvorstellungen?
4. Wie hat mein kultureller Hintergrund meine Auffassungen geprägt?
5. Sind meine Vorstellungen vertretbar?
6. Entsprechen die Ansichten meines Partners meiner Auffassung oder unterscheiden sie sich?
7. Wenn ja, wo und wie sehr?
8. Gibt es eine Möglichkeit, diese Unterschiede zu tolerieren oder in Einklang zu bringen?
9. Könnte einer von uns sein Verhalten ändern, um den anderen weniger zu verletzen?

Um festzustellen, welche Ihrer Überzeugungen vertretbar sind, ist es ratsam, den Partner zu Rate zu ziehen, da ihm Widersprüche wahrscheinlich eher auffallen als demjenigen, der in festgefahrenen Vorstellungen gefangen ist. Versuchen Sie, ähnliche Fragen auf andere Bereiche anzuwenden. Denken Sie daran, daß es ein Zeichen von Reife ist, seine Auffassung zu ändern.

ERWARTUNGEN

Wenn wir heranwachsen, erwarten wir, daß das Erwachsenenleben nach bestimmten Mustern verlaufen wird, die auf unseren Kindheitserfahrungen beruhen. Wenn wir später Beziehungen eingehen, gehen wir oft davon aus, daß sie denen unserer Eltern ähneln werden. Haben Partner ähnliche Erwartungen, klappt die Beziehung wunderbar. Doch manchmal haben beide unterschiedliche Vorstellungen.

- Prüfen Sie, welche Möglichkeiten zur Verfügung stehen
- Finden Sie heraus, was wünschenswert ist
- Achten Sie darauf, daß Ihre Erwartungen real sind
- Verhandeln Sie mit Ihrem Partner und gehen Sie, falls nötig, Kompromisse ein
- Führen Sie die vereinbarten Veränderungen aus

Die meisten Kinder wachsen in einer Familie auf. Sie vermittelt uns ein Bild unserer selbst, unserer Rollen, das Gefühl, gut (oder schlecht) zu sein, und eine bestimmte Weltsicht. Normalerweise sind es bestimmte Schlüsselfiguren innerhalb der Familie – insbesondere jene, die uns in den ersten fünf Lebensjahren am nächsten sind –, die uns am stärksten beeinflussen. Diese frühen Jahre, in denen der Grundstein für die Lebenseinstellung eines Menschen gelegt wird, sind besonders prägend. Was man in diesen ersten fünf Lebensjahren sieht, hört und aufnimmt, hat noch Jahrzehnte später Auswirkungen, wenn man eigene Beziehungen aufbaut und eine eigene Familie gründet.

ÜBERZEUGUNGEN ÄNDERN

Ein Kind, das in einem Kinderheim aufwuchs, wird wahrscheinlich andere Wertvorstellungen haben als ein Kind, das in einer Kernfamilie (Mutter, Vater und Kinder) erzogen wurde. Ein Kind, das in einer Großfamilie mit Großeltern, Tanten, Onkeln und anderen Verwandten groß geworden ist, mag viele Gemeinsamkeiten mit einem Kind haben, das in einer Kommune mit mehreren Familien aufwuchs. In diesen ersten Jahren können wir einige der Überzeugungen, die wir gewonnen haben, weiterentwickeln oder ändern, doch Psychologen sind der Meinung, daß die Wertvorstellungen eines Kindes in den ersten sechs oder sieben Lebensjahren geprägt werden. Später können sich Überzeugungen zwar auch noch ändern oder bewußt geändert werden, doch das ist dann meist schwieriger. Glückliche Ehen sind nicht selten Beispiele dafür, wie Überzeugungen sich wandeln können. Sie können Männern und Frauen ein Selbstvertrauen geben, das sie zuvor nicht besaßen, und mit diesem neugewonnenen Vertrauen gewinnen sie auch ein neues Bild von sich selbst. Sich behaupten zu müssen, fördert das Selbstwertgefühl und führt letztlich auch zu einer Änderung der persönlichen Überzeugungen. Und auch die Ermutigung und die Selbsterkenntnis,

DIE EIGENEN ERWARTUNGEN VERSTEHEN
Denken Sie über Ihren Lebensstil nach und überlegen Sie sich, was Sie sich wirklich wünschen. Finden Sie heraus, wo sich Ihre Erwartungen von denen Ihres Partners unterscheiden und handeln Sie dann einen Kompromiß aus. Setzen Sie dann die Veränderungen um.

Einstellungen und Überzeugungen werden in den ersten Lebensjahren geprägt, aber es ist möglich, sie zu ändern.

die man in einer psychologischen Beratung erfährt, bringt uns dazu, alte Überzeugungen aufzugeben. Obwohl wir in der Lage sind, unsere Wertvorstellungen zu revidieren, können die unterschiedlichen Erwartungen, die wir an das Leben stellen, zwischen zwei Menschen, die sich ansonsten sehr lieben, zu Mißverständnissen führen. Ein solches Mißverhältnis kann leicht aus dem Bedürfnis entstehen, sich unausgesprochene Wünsche zu erfüllen, aber auch durch den Rückfall in Verhaltensmuster aus der Kindheit. Und wie Bernd und Diana (*siehe Seite 22*) erfahren mußten, kann das schlimme Auswirkungen haben.

Geheime Wünsche

Eine Beziehung kann belastet werden, wenn ein Partner Wünsche oder Vorlieben hat, über die er nicht spricht. Solche Wünsche können sexueller Natur sein, so daß die beiden Partner schließlich im sexuellen Bereich nicht mehr harmonieren und das Liebesspiel zur Routine wird. So kann sich der Mann beim Liebesspiel vielleicht an ein bestimmtes Muster gewöhnt haben von dem er glaubt, es sei für beide befriedigend, während sich seine Partnerin etwas ganz anderes wünscht. Vielleicht möchte sie ein Rollenspiel, in dem der eine dominant und der andere unterwürfig ist, oder andere sexuelle Phantasien ausleben.

Gegensätzliche Erwartungen

Hierunter fallen alle nur denkbaren Erwartungen. Sie können musikalische Vorlieben betreffen, aber auch die Einstellung zum Geld. Vielleicht macht es dem einen Partner nichts aus, ständig in einer finanziellen Krise zu leben, während der andere schon unruhig wird, wenn er auch nur einen Pfennig Geld schuldet. Es spielt keine Rolle, ob die gegensätzlichen Erwartungen sexueller Natur sind oder nicht, wichtig ist allein, daß sich ein Partner der Bedürfnisse des anderen nicht bewußt ist und daher nichts unternimmt, um ihnen gerecht zu werden.

Verhaltensmuster

Selbst wenn Sie glauben, in Ihrer Beziehung mehr oder weniger das zu bekommen, was Sie erwarten, können veränderte Umstände – etwa die Geburt eines Kindes – neue Erwartungen mit sich bringen. Sie können dazu führen, daß Sie oder Ihr Partner (oder auch beide) zu Verhaltensmustern zurückkehren, die Sie in der Kindheit erlernt, aber anschließend vergessen oder ignoriert haben, und die möglicherweise auf verzerrten oder falschen Überzeugungen beruhen.

Alle Menschen haben in ihrem Sexual- oder Sozialleben Optionen – also verschiedene Wahlmöglichkeiten. Um diese Optionen zu erforschen und so das Sexualleben (und damit die Beziehung insgesamt) zu verbessern, ist die Zustimmung des Partners erforderlich. Sie müssen also in der Lage sein, Ihre Wünsche klar – aber taktvoll – zu äußern (*siehe Seite 60*) und dann die notwendigen Kompromisse mit Ihrem Partner aushandeln (*siehe Seite 72*).

Erwartungen ändern
Wenn es in einer Beziehung zu einer grundlegenden Veränderung kommt, kann das betroffene Paar in eine Krise stürzen, vor allem dann, wenn beide ganz unterschiedliche Erwartungen an die Beziehung haben. Für Bernd und Diana (siehe Seite 22–25) bedeutete das beinahe das Aus.

GEGENSÄTZLICHE ERWARTUNGEN

Für die Außenwelt waren Bernd und Diana ein stilles, bescheidenes Paar, das ein beschauliches, ja geradezu langweiliges Leben führte. Ihr Sexualleben war allerdings alles andere als eintönig – bis zur Geburt ihres ersten Kindes. Danach schien ihre Ehe aufgrund der unterschiedlichen Erwartungen fast zum Scheitern verurteilt.

JUGENDLICHE EROTIK
Bernd und Diana, beide in den Dreißigern, gehörten zur letzten Generation, die ihre ersten sexuellen Erfahrungen noch ohne die Angst vor AIDS machen konnte. Später waren sie gezwungen, ihre sexuellen Praktiken zu ändern. Gruppensex und außereheliche Beziehungen waren von nun an tabu. Statt dessen bereiteten sie sich gegenseitig auf phantasievolle Weise Vergnügen und erfanden immer neue Szenarien für ihre sexuellen Spiele.

Bernd brauchte diese Abwechslung, denn seine Eltern hatten die eigene Sexualität unterdrückt und ihm beigebracht, daß Sexualität etwas Schlechtes sei. Sein sexuelles Verhalten als Erwachsener war daher gegen die Familienüberzeugung gerichtet, und durch seine Rebellion unterschieden sich seine Einstellungen radikal von denen seiner Eltern. Diana hingegen stammte aus einem freizügigeren Elternhaus, so daß sie Bernds sexuelle Neugier und seine Experimente akzeptieren und genießen konnte.

Früher hatte sich Diana begeistert auf Bernds phantasievolle Liebesspiele eingelassen

PROBLEME MIT DER ELTERNSCHAFT

Das Sexualleben des Paares änderte sich radikal nach der Geburt ihres Kindes, denn Diana war nun häufig zu müde für ein erfinderisches Liebesspiel. Begreif‐

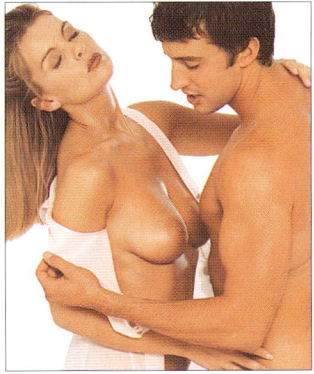

licherweise erwartete sie etwas Verständnis von Bernd und ging davon aus, daß ihr Familienleben so aussehen würde wie das ihrer Eltern – der Vater hatte ihre Mutter bei der Kindererziehung unterstützt, ihr aber im Endeffekt die Entscheidungen überlassen. Diana war nun der Meinung, daß Bernd ihr ebenfalls die Entscheidungen – in der Kindererziehung wie im Bett – überlassen sollte. Statt dessen mußte sie feststellen, daß seine Aktivitäten allein seinem Vergnügen dienten.

EINE ÄNDERUNG ERZWINGEN

Als Bernd sein sexuelles Vergnügen verweigert wurde, spiegelten seine Gefühle die Emotionen wider, die er in seiner Jugend verspürt hatte. Er fühlte sich unbedeutend und kämpfte dagegen an, indem er Diana zwang, sexuell aktiv zu sein. Dadurch entfremdete sie sich von ihm und konnte das Vergnügen, das sie ihm gab, nicht mehr genießen.

ANMERKUNGEN ZUM FALL

BERND UND DIANA

Bernd und Diana genossen viele Jahre lang ein glückliches und erfülltes Sexualleben, da ihre sexuellen Erwartungen sehr ähnlich gewesen waren. Als Diana schwanger wurde, wußte Bernd zwar, daß sie ihre sexuellen Aktivitäten für eine Weile würden einschränken müssen, erwartete jedoch, daß sie anschließend wieder nach dem üblichen Muster verlaufen würden.

Anpassungen vornehmen

Dianas Erwartungen an ihr Sexualleben hatten sich jedoch durch die neue Mutterrolle verändert, so daß eine Wiederaufnahme ihrer bisherigen Beziehung aus ihrer Sicht nicht wahrscheinlich war. Ihr Bedürfnis, den Ansichten ihrer Eltern hinsichtlich einer »korrekten« Elternschaft gerecht zu werden, stand jetzt in Konflikt zu Bernds Erwartungen. In der Eheberatung machten sich Bernd und Diana die veränderten Erwartungen bewußt und waren nun in der Lage, sich mit den Ansichten ihrer Eltern auseinanderzusetzen. Das Paar diskutierte außerdem die Ursachen für Bernds Haltung zur Sexualität.

Nachdem sie die Gründe ihrer unterschiedlichen sexuellen Erwartungen beleuchtet hatten, konnten Bernd und Diana sie miteinander in Einklang bringen, so daß beide für sich das jeweils beste Ergebnis fanden, ohne das Glück des anderen zu gefährden. Dieser Prozeß begann mit einer Analyse der Situation und der Frage, wie sie beide davon betroffen waren. Anschließend verhandelten sie über ihre Bedürfnisse und Wünsche und gingen schließlich einen für beide akzeptablen Kompromiß ein (siehe Seite 32). Sie konnten sich selbst und den anderen nun viel besser verstehen und, so gestärkt, besserte sich die Beziehung bald wieder. Da im sexuellen Bereich jetzt weniger Druck auf Diana lastete, kehrte ein großer Teil ihrer Begeisterung zurück, während Bernd lernte, daß Qualität besser sein kann als Quantität, und er genoß das wiederaufgenommene Liebesspiel.

Änderungen einführen

Als Bernd und Diana ihre Vorstellungen darüber, wie Paare miteinander umgehen sollten, verglichen, stimmten sie sich gegenseitig auf ihre Gefühle ein. Diana, die nun entspannen konnte, fand mehr Zeit für die intime Zweisamkeit mit Bernd, und er ging auf ihre Wünsche ein.

INTIMITÄT OHNE SEXUALITÄT

Bernd mußte offensichtlich Dinge tun, die ihm ein ganz besonderes Gefühl vermittelten. Bisher hatte er dieses Gefühl nur in der Sexualität gefunden, doch wegen Dianas mangelnder Begeisterung mußte er Entbehrungen auf sich nehmen. Diana ihrerseits brauchte eine Möglichkeit, ihm dieses besondere Gefühl zu vermitteln, ohne daß dabei zu viele Forderungen an sie selbst gestellt wurden. Dies gelang ihr mit exotischen Festen, indem sie ihn wie ein Baby badete und liebkoste und massierte.

Nehmen Sie sich Zeit für Rollenspiele und das Ausleben von Phantasien

Wenn Sie Ihren Partner waschen, verwenden Sie einen Schwamm oder einen weichen Waschlappen und achten Sie darauf, daß das Wasser warm ist

ÄNDERUNGEN EINFÜHREN

GEBEN UND EMPFANGEN
Bernds Erwartungen wurden dadurch kompliziert, daß er ein Vergnügen nie aufgeschoben hatte. Langsam begann er, Dianas Gefühle zu verstehen, und er erkannte, daß es in seinem Interesse lag, mehr Hilfe anzubieten. Denn wenn sie sich wohl fühlte, würde sie auch wollen, daß er sich wohl fühlte.

ERKENNTNIS
In der Therapie erkannten Diana und Bernd, wie stark ihre Erziehung sie geprägt hatte. Bernds Beschreibung seines Schmerzes und die Tränen, die er dabei vergoß, berührten Diana tief. Zum erstenmal verstand sie, warum Sexualität für ihn so wichtig war.

FREIHEIT DER PHANTASIE
Ein Jahr später erklärten sie, daß sie nicht mehr so häufig miteinander schliefen, aber daß Diana zufriedener und Bernd glücklicher war. Das war teilweise darauf zurückzuführen, daß sie den Samstagabend zur »Phantasienacht« machten. Das Baby schlief dann bei Dianas Mutter, und das Paar nutzte die Zeit dazu, besondere Phantasien auszuleben.

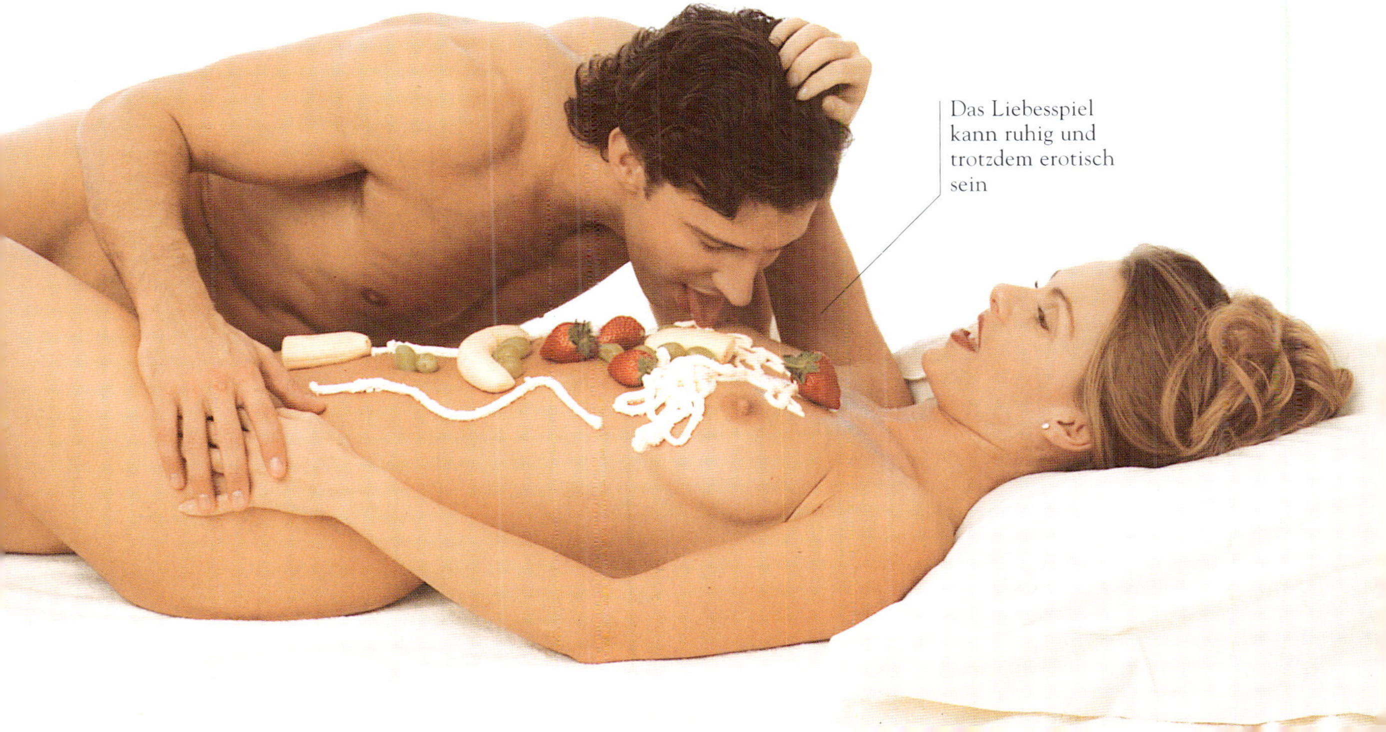

Das Liebesspiel kann ruhig und trotzdem erotisch sein

FAMILIÄRE EINFLÜSSE

Einer der Schlüssel für das Wechselspiel zwischen zwei Partnern kann darin liegen, wie sie mit ihren Eltern und möglichen Geschwistern umgegangen sind. So kann beispielsweise eine herrische ältere Schwester eine Beziehung zu einem aggressiven jüngeren Bruder eingehen – der selbst eine herrische ältere Schwester hatte.

Die Beziehung eines Kindes zu seiner Familie wird stark von der Rangfolge der Geburt beeinflußt, also davon, ob der Betroffene das älteste, jüngste oder mittlere Kind ist. Diese Rangfolge hat auch Auswirkungen darauf, wie ein Mensch als Kind und später als Erwachsener die Welt sieht und wie er mit den Erwachsenen, die ihn in seiner frühen Kindheit beeinflussen, zurechtkommt. Um herauszufinden, wer in jungen Jahren den größten Einfluß auf Sie hatte, zeichnen Sie die eigene Familienkonstellation auf (*siehe Seite 32*).

GEBURTENRANGFOLGE UND BEZIEHUNGEN

Ein Phänomen, das häufig in einer Ehe oder einer anderen Liebesbeziehung zu beobachten ist, ist die Tatsache, daß beide Partner unbewußt in alte Verhaltensmuster zurückfallen, wenn der Reiz des Neuen verflogen ist und sie sich aneinander gewöhnt haben. In der Theorie geht man davon aus, daß dies dazu beiträgt, das Gefühl für uns selbst zu verbessern, indem wir bestimmte Beziehungsmuster der Kindheit noch einmal durchleben. Eine schlimme Kindheitserfahrung mit einem Bruder beispielsweise kann dazu führen, daß im späteren Leben Eifersucht und Wut auf einen Partner übertragen werden.

DAS ERSTGEBORENE KIND UND ELTERLICHE FÜHRUNG

Das erstgeborene Kind trägt wie das Einzelkind (*siehe Seite 27*) die Hauptlast der elterlichen Fehler und Unerfahrenheit. Es gewöhnt sich auch daran, im Zentrum der Aufmerksamkeit zu stehen und reagiert bekümmert, wenn diese Aufmerksamkeit nicht mehr vorhanden ist. Das Erstgeborene zeigt oft sehr hohe Leistungen, ist ehrgeizig, herrisch und rivalisierend und neigt möglicherweise zu Eifersucht und Unsicherheit. Wahrscheinlich wurde dem Kind zunächst die ungeteilte Aufmerksamkeit der Eltern zuteil, so daß es die Geburt des nächsten Kindes als beunruhigend und enttäuschend empfindet, weil ein großer Teil der Liebe und Aufmerksamkeit auf das neue Familienmitglied gerichtet wird. Dann können sich leicht Unsicherheit und Eifersucht breitmachen.

ZWILLINGE
Auch bei Zwillingen können die Rollen wie bei Geschwistern verteilt sein

ELTERN

EINZELKIND
Steht häufig im Mittelpunkt

ERSTGEBORENES
Ist oft leistungsorientiert, kann leicht eifersüchtig sein

ZWEITES KIND
Kann unabhängig wirken, ist aber in Wirklichkeit sehr sensibel

DRITTES KIND
Unabhängig, kann aggressiv sein, sich aber Nähe wünschen

FAMILIE, CHARAKTER UND GEBURTENRANGFOLGE
Die Rangfolge in der Sie und Ihre Geschwister geboren wurden, beeinflußt direkt Ihre Beziehung zu anderen Familienmitgliedern sowie Ihre Persönlichkeit.

Rivalität unter Geschwistern ist ein bekanntes Phänomen, doch Brüder und Schwestern beeinflussen einander auch auf andere Weise.

Aus Unwissenheit stellen die Eltern möglicherweise bereits zu früh zu hohe Anforderungen an das älteste Kind. Das kann zu einer gewissen Frühreife führen, die zur Folge hat, daß Teile seiner Persönlichkeit, die noch nicht gefestigt sind und in denen es noch sehr unsicher ist, im Verborgenen bleiben, weil es in einer Geschwindigkeit lernen muß, die seiner Entwicklung nicht angemessen ist.

DAS ZWEITE KIND UND ETABLIERTE ELTERLICHE VERHALTENSMUSTER

In den meisten Fällen muß sich das zweite Kind mit den elterlichen Vorstellungen abfinden, die von den Bedürfnissen des älteren Geschwisterkindes geformt wurden. Dieses erste Kind hat jedoch wahrscheinlich einen ganz anderen Charakter als das zweite. Das kann dazu führen, daß die Eltern nicht in angemessener Form auf das Kind eingehen, so daß es sich gewissermaßen zum Selbstschutz emotional distanziert. So kann der Eindruck entstehen, dieses – in Wirklichkeit äußerst sensible Kind – sei besonders selbständig. Um seine Bedürfnisse und Gefühle besser zu verstehen, sollte man sich vor Augen führen, daß es sich gegenüber dem ersten zweitrangig fühlt. Es braucht daher besondere Aufmerksamkeit, Sympathie und Bestätigung, wenn dieses Gefühl behoben werden soll. Trotzdem entwickeln sich die Zweitgeborenen oft zu besonders empfindsamen Erwachsenen.

DAS DRITTE KIND – DAS NESTHÄKCHEN

Auch wenn es häufig sehr unabhängig wirkt, ist das dritte Kind nicht selten aggressiver und hat ein größeres Bedürfnis nach emotionaler Zuwendung als die älteren Geschwister. Als jüngstes Kind ist möglicherweise das Nesthäkchen, das verwöhnt wird. Diese Aufmerksamkeit von vielen Seiten gibt ihm das Gefühl, besonders wichtig zu sein, aber es kann auch bedeuten, daß es in einer späteren Beziehung viel als gegeben hinnimmt. Da es oft nicht ernst genug genommen wird, könnte es den Wert der eigenen Erfahrungen in Zweifel ziehen. Das kann zu einer gewissen Verunsicherung hinsichtlich der eigenen Urteilskraft führen, die es später als Erwachsener dadurch kompensiert, daß es zum Schutz seines Selbstwertgefühls sehr rigide Verhaltensweisen entwickelt.

ZWILLINGE

Obwohl Zwillinge einander häufig gegenseitig Halt geben, kann es vorkommen, daß der jüngere sich dem – zufällig – erstgeborenen gegenüber benachteiligt fühlt. Handelt es sich bei dem älteren Zwilling um ein Mädchen, wird es den jüngeren (unabhängig davon, ob dies ein Junge oder ein Mädchen ist), bemuttern, was zur Entwicklung eines unterwürfigen und sehr unselbständigen Menschen führen kann. Er mag diese Abhängigkeit zwar als unangenehm empfinden, wird aber vielleicht nie Verantwortung übernehmen, weil der ältere dies immer für ihn tut.

EINZELKIND

Ein Einzelkind wächst in einer Familie ohne andere Kinder auf. Die Tatsache, daß es immer im Rampenlicht steht, kann ihm zu Selbstsicherheit verhelfen, doch dies hat auch negative Seiten: Es gewöhnt sich daran, immer im Mittelpunkt zu stehen, kann egozentrisch und abweisend werden. Da das Einzelkind keine Geschwister hat, mit denen es interagieren und von denen es lernen kann, kann die Bindung – und damit der Einfluß – an einen oder beide Elternteile zu eng sein.

ERWORBENE HEMMUNGEN

Julia, ein Einzelkind, hatte eine zu enge Beziehung zu ihrer Mutter, die unter Phobien litt. Die Ängste der Mutter übertrugen sich zum Teil auf Julia, was sich negativ auf die Beziehung zu ihrem Mann auswirkte (siehe Seite 28–31).

SICH SELBST KENNENLERNEN

HEMMUNGEN

Julia, ein Einzelkind, hatte sich dafür entschieden, bis zur Ehe Jungfrau zu bleiben. Ihr Ehemann Paul hatte das auf ihre Schüchternheit zurückgeführt. Doch ihre Hemmungen, sich nackt zu zeigen und ihre Verkrampftheit beim Sex, belasteten die Beziehung.

SCHÜCHTERNHEIT UND VERLEGENHEIT
Julia war normalerweise sehr schüchtern und gehemmt beim Liebesspiel, aber ansonsten waren ihre sexuellen Reaktionen ganz normal. »Wenn sie erst einmal in Stimmung kommt, ist alles in Ordnung«, berichtete Paul. »Und obwohl sie oralen Sex wirklich mag, reagiert sie jedesmal schockiert, wenn ich den Vorschlag mache.«

Zuerst zögerte Julia, mit Paul über ihr Problem zu sprechen

ÄNGSTE UND PHOBIEN
Wo Julias Hemmungen herrührten, wurde offensichtlich, als sie ihre Familienkonstellation aufzeichnete (*siehe Seite 32*). Sie offenbarte, daß Julias Mutter, die unter Platzangst litt und akute Angstsymptome zeigte, wahrscheinlich einen wichtigen Einfluß hatte.

HEMMUNGEN

ANMERKUNGEN ZUM FALL

JULIA UND PAUL

Wegen ihrer anfänglichen Verkrampftheit und Verlegenheit konnte Julia das Sexualleben nicht genießen. Ihre gehemmte Einstellung zur Sexualität stand in krassem Gegensatz zu der entspannten, lockeren Sexualität ihres Mannes Paul und erwies sich als Teil allgemeinerer Ängste und Phobien, die sie teilweise mit ihrer Mutter gemein hatte. Das war vielleicht auch der Grund dafür, daß sie sich entschieden hatte, bis zur Ehe Jungfrau zu bleiben. Wie es bisweilen bei Einzelkindern der Fall ist, war Julia zu stark von ihrer Mutter beeinflußt worden. Als Julia über sie sprach, wurde offensichtlich, daß ihrer Mutter Spontaneität und offen gezeigte Zuneigung völlig fremd waren.

Wichtige Einflüsse
Der erste richtige Hinweis auf den Ursprung von Julias Problemen kam, als sie ihre Familienkonstellation zeichnete (siehe Seite 32). Dabei handelt es sich um ein wertvolles Mittel, das nützliche Einsichten in die Kindheitsbeziehungen eines Menschen zu wichtigen Familienmitgliedern gewährt. Da Julia keine Geschwister hatte, denen Aufmerksamkeit zuteil werden konnte, hatte ihre Mutter den größten Einfluß in den ersten Jahren. Während der weiteren psychologischen Beratung wurden auch die Phobien ihrer Mutter offenbar.

GEHEMMTE REAKTIONEN

»Ich liebe Paul wirklich«, erklärte Julia. »Und auch unser Sexualleben gefällt mir, aber irgendwie kann ich das nicht zeigen. Ich weiß nicht, warum ich so angespannt bin, aber ich weiß, daß Sex für meine Eltern einige Probleme verursachte.« Diese Probleme schienen mit den Phobien von Julias Mutter zu tun haben, und auch Julia litt unter Platzangst, die jedoch nicht so stark war. Paul hatte sich seiner Frau gegenüber sehr einfühlsam verhalten und führte dies auf seine Kindheitserfahrungen zurück. Er hatte eine glückliche, ungezwungene Kindheit in einem Zuhause verbracht, in dem die Maxime lautete: »Genieße, was du hast.« Diese Einstellung half ihm, seine Frau und ihre Hemmungen zu verstehen.

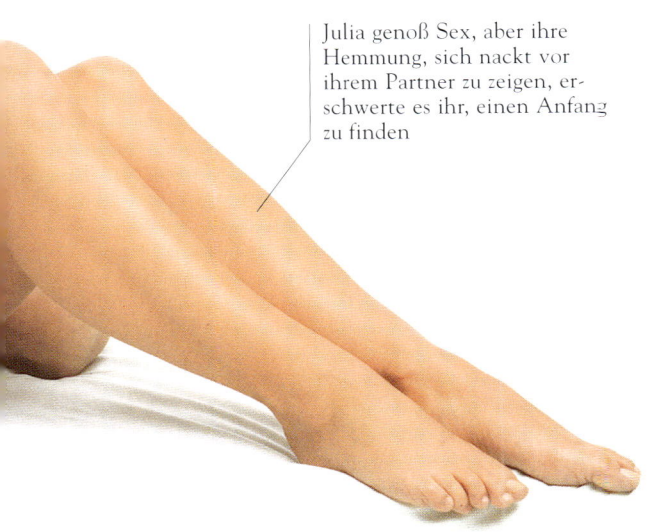

Julia genoß Sex, aber ihre Hemmung, sich nackt vor ihrem Partner zu zeigen, erschwerte es ihr, einen Anfang zu finden

Ungezwungenes Vergnügen
Julia suchte einen Psychiater auf, um sich wegen ihrer Ängste helfen zu lassen, und nachdem sie diese erst einmal überwunden hatte, konnte sie sich mit ihren sexuellen Hemmungen auseinandersetzen. Neben weiteren Beratungen lernte sie, sich durch Streicheln des eigenen Körpers, Masturbation und sexuelle Phantasien selbst Vergnügen zu bereiten. Auf diese Weise bekam sie ein Gefühl für ihre körperlichen Reaktionen, konnte sich besser entspannen und Sex ohne Schuldgefühle genießen, so daß sich ihr sexuelles Selbstbewußtsein steigerte.

SICH SELBST KENNENLERNEN

Hemmungen überwinden

Mit Hilfe der Familienkonstellationsübung (siehe Seite 32) konnte Julia feststellen, daß sie ihre Hemmungen von ihrer Mutter übernommen hatte. Diese Einsicht ermöglichte es ihr und Paul, diese Ängste mit Geduld und größerem Verständnis zu überwinden.

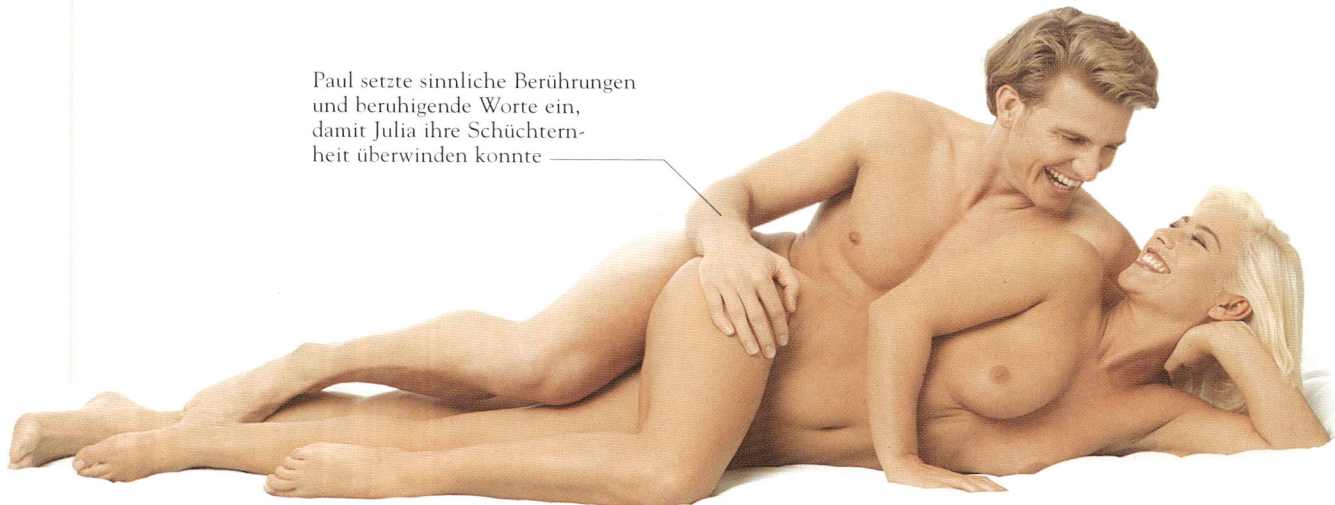

Paul setzte sinnliche Berührungen und beruhigende Worte ein, damit Julia ihre Schüchternheit überwinden konnte

SPONTANER GENUSS

Julia stammte aus einer strengen Familie, die darum bemüht war, von anderen geachtet zu werden, was auf Kosten von spontanem Genuß und Wärme ging; außerdem litt sie unter Hemmungen, die sie von ihrer Mutter übernommen hatte. Glücklicherweise war das bei Paul anders: Die Beziehung seiner Eltern war so gut, daß Streit eher die Ausnahme, Zärtlichkeiten eher die Regel waren. Aufgrund dieser Erfahrung war Paul auch in der Lage, das Problem weitgehend zu lösen.

Es gab Julia mehr Selbstbewußtsein, während des Liebesspiels die obere Position einzunehmen

SELBSTERFORSCHUNG

Bevor die Sexualtherapie Wirkung zeigen konnte, mußte Julia ihre Ängste überwinden. Sie war bereit, zu diesem Zweck einen Psychiater aufzusuchen. Mit seiner Hilfe konnte sie ihre Phobien bekämpfen, und nach drei Monaten war es möglich, auch die sexuelle Seite ihres Problems in Angriff nehmen. Sie begann damit, ihren Körper zu erforschen, und als sie sich dabei völlig wohl fühlte, konnte sie Pauls Körper auf ähnliche Weise erforschen, wenn sie miteinander schliefen.

Durch die Selbsterforschung ihres Körpers lernte Julia, ihre körperlichen Reaktionen zu genießen

GEGENSEITIGES ERFORSCHEN

Wenn Julia Pauls Körper erforschte, setzte sie die Kenntnisse ein, die sie über ihren eigenen Körpers gewonnen hatte, um ihm zu zeigen wie sie berührt werden wollte. Schnell wurde sie eine selbstbewußte und geschickte Liebhaberin, die sinnliches Vergnügen und Erregung nicht nur geben, sondern auch empfangen konnte.

ÜBUNGSPLAN

DIE HARMONISIERUNG IHRER BEDÜRFNISSE als Paar ist ein Zwei-Stufen-Prozeß. Als erstes machen Sie und Ihr Partner sich klar, welche Erwartungen Sie an das Leben und Ihre Beziehungen stellen. Dazu überlegen Sie, wie Sie zu bestimmten Ansichten gelangt sind. Anschließend stellen Sie mit Hilfe von Familienkonstellationen und Charakterprofilen fest, woher Ihre Erwartungen rühren.

ERWARTUNGEN VERSTEHEN

Weichen Ihre Erwartungen von denen Ihres Partners ab, müssen Sie zunächst klären, wie Ihre jeweiligen Überzeugungen aussehen. Gehen Sie dabei folgendermaßen vor:

- *Bitten Sie Ihren Partner, Ihnen die Erwartungen zu nennen, die er als unrealistisch empfindet.*
- *Versuchen Sie, sich an frühe Überzeugungen zu erinnern – haben Ihre unrealistischen Erwartungen möglicherweise eine bestimmte Ursache?*
- *Fragen Sie sich, ob Ihre Verwandten Ansichten hatten, die Sie in diesen Bereichen beeinflußt haben.*

Wenn Sie sich über Ihre Erwartungen klar geworden sind, können Sie mit den Verhandlungen beginnen.

- *Achten Sie darauf, daß Ihre Erwartungen realistisch und vernünftig sind.*
- *Offenbaren Sie Ihre Wünsche taktvoll.*
- *Hören Sie sich an, wie die Ansichten Ihres Partners aussehen.*
- *Seien Sie bereit, auch selbst Kompromisse einzugehen und Änderungen vorzunehmen.*

Wenn sich Ihre persönlichen Umstände ändern, können auch Ihre Erwartungen davon beeinflußt werden. In diesem Fall wiederholen Sie die Übung gemeinsam.

FAMILIENKONSTELLATIONEN ZEICHNEN

Es ist wichtig zu verstehen, welchen Einfluß Ihre Familie auf Sie als Kind hatte. Stellen Sie sich vor, sie seien ein Stern, und Ihre Verwandten sind benachbarte Sterne.

- *Zeichnen Sie diejenigen Familienmitglieder, die Sie am stärksten beeinflußt haben, ganz in der Nähe Ihres Sterns auf, jene mit geringerem Einfluß in größerer Entfernung.*
- *Überlegen Sie, durch welche ihrer Persönlichkeitsmerkmale Ihre Überzeugungen und Einstellungen beeinflußt wurden.*
- *Vergessen Sie nicht, auch andere Menschen zu erfassen, die für Sie wichtig waren – beispielsweise Ihre besten Freunde.*
- *Anschließend bitten Sie Ihren Partner, seine Familienkonstellation zu zeichnen.*
- *Vergleichen Sie nun Ihre Zeichnungen.*
- *Sprechen Sie über die Beziehungen, die Sie gezeichnet haben.*
- *Beachten Sie die Charakterzüge der Menschen, die Ihnen besonders nahestanden, und fragen Sie sich, wie diese Menschen Sie beeinflußt haben.*
- *Betrachten Sie aufmerksam die Entfernung, die Sie jeder Person in Ihrer Konstellation zugewiesen haben, und überlegen Sie, was das über Ihr Verhältnis zu ihr aussagt.*

Jetzt können Sie fortfahren und Charakterprofile von sich und Ihrem Partner erstellen.

- *Anhand einer Skala von 0 bis 20 Punkten bewerten Sie bei Ihrem Partner Selbstachtung, Aktivität, Belastbarkeit, Selbstkontrolle, Frustration und die Fähigkeit, auf Mitglieder des anderen Geschlechts zuzugehen.*
- *Vergleichen Sie die Ergebnissen miteinander – vor allem diejenigen mit den höchsten und niedrigsten Punktzahlen –, und vergleichen Sie sie mit den Familienkonstellationen, um festzustellen, wo Sie von Ihren Familien besonders geprägt wurden.*

Nun können Sie damit beginnen, an den Problembereichen Ihrer Beziehung zu arbeiten. Fangen Sie mit den Dingen an, die Sie beide als nicht besonders schwierig empfinden. Die Erfahrung, die Sie beim Lösen dieser Probleme machen, wird Ihnen helfen, anschließend die schwierigeren Bereiche zu bearbeiten.

DEN PARTNER KENNENLERNEN

Wenn Sie verstehen, wie Ihr Partner die Welt sieht, und herausfinden, woher diese Ansichten stammen und wie flexibel Ihr Partner in bezug auf sie ist, können Sie Mißverständnisse in Ihrem Zusammenleben auf ein Minimum reduzieren.

DIE GEFÜHLE DES PARTNERS

Es ist nicht nur wichtig, sich mit der eigenen Erziehung und den eigenen Überzeugungen auseinanderzusetzen, man sollte auch die Vorstellungen des Lebenspartners kennen. Wie könnten Sie sonst Ihre Auffassungen miteinander vergleichen, wenn Sie nicht wissen, wovon der andere spricht oder wonach er sucht? Bitten Sie Ihren Partner daher, das vorangegangene Kapitel zu lesen und gemeinsam mit Ihnen das folgende zu bearbeiten.

Wir gehen bei der Beurteilung anderer Menschen von so vielen Vermutungen aus, daß die Wahrheit über einen Partner oft zu Überraschungen führt. Wissen Sie beispielsweise, welchen Sinn Ihr Partner im Leben sieht? Oder ob seine Lebensphilosophie der Ihren entspricht? Wissen Sie, über welche besonderen Fähigkeiten im Umgang mit anderen Menschen er verfügt? Haben Sie schon einmal in Betracht gezogen, daß er ganz andere Erwartungen ans Leben stellen könnte als Sie?

Stellen wir uns einmal vor, einer der Partner wurde dazu erzogen, an die Ehe als Institution zu glauben. Er aber lehnte sich gegen die Familie auf, indem er eine alternative Lebensform wählte und sich weigerte, zu heiraten oder eine feste Bindung einzugehen. Der jeweilige Partner oder die Partnerin würde natürlich davon ausgehen, daß es ihm damit ernst ist. Doch beide Seiten übersehen dabei möglicherweise, daß sich der Betreffende – anders als man es aufgrund seines Verhaltens erwarten würde – nach einem Heim sehnt und gerne die Verantwortung für ein Kind übernehmen würde.

Verständlich, daß ein Partner verwirrt reagiert, wenn jemand, den er ursprünglich als Romantiker mit eher unrealistischem Lebenskonzept kennengelernt hatte, sich plötzlich als tragende Säule der Gemeinde entwickelt. Dieses Beispiel zeigt, wie wichtig es ist, den Hintergrund des Partners detaillierter kennenzulernen.

PERSÖNLICHKEITSSPEZIFISCHE PRIORITÄTEN

Wenn wir heranwachsen und uns mit unserer Familie auseinandersetzen, entwickeln wir eigene Überlebensmethoden. Manche Psychologen glauben, daß wir bestimmte Aspekte unseres Charakters auf Kosten anderer stärker entwickeln, um mit dem Leben zurecht zu kommen. Aus diesem Grund neigen wir auch eher zu bestimmten

Verhaltensweisen. Dominante ältere Geschwister tendieren beispielsweise häufig dazu, Kontrolle auszuüben. Das Problem dabei ist, daß diese Kontrolle zu stark werden (*siehe Seite 62–65*) und späteren Beziehungen ernstlich schaden kann.

Andere Menschen sehnen sich nach Harmonie und tun alles, um Störungen zu vermeiden. Das kann es ihnen sehr erschweren, über Probleme zu reden, da sie stets versuchen, Diskussionen aus dem Weg zu gehen.

In diesem Kapitel geht es daher um zwei weitere Faktoren, die zu unserer kindlichen Persönlichkeit beitragen, nämlich um persönlichkeitsspezifische Prioritäten, etwa das Bedürfnis nach kontrollierender Macht, und unsere Einstellung zur Welt im allgemeinen.

Ähnlichkeit

Es ist ein großer Vorteil, jemanden mit ähnlichem Hintergrund und ähnlicher Erziehung zu heiraten. Statistisch gesehen haben solche Paare viel größere Chancen, daß ihre Beziehung Bestand hat. Untersuchungen in Amerika haben gezeigt, daß Ehen, in denen die Partner gegensätzliche Vorstellungen hatten, weniger erfolgreich waren als Ehen mit gleichgesinnten Partnern.

Das muß natürlich nicht heißen, daß man solche Unterschiede nicht auch nutzen kann. In einer langfristig angelegten Partnerschaft muß man versuchen, sie zu überwinden. Diese Unterschiede können sich im emotionalen Bereich und im Verhalten äußern – das eine führt meistens zum anderen.

Mit Unterschieden zurechtkommen

Derartige Unterschiede positiv anzugehen und Gutes gegen Schlechtes abzuwägen, verleiht einer Beziehung Stabilität.

Auch in sexueller Hinsicht stellen die Partner nicht selten unterschiedliche Erwartungen aneinander. Ein asiatischer Patient erwartete von seiner Frau, daß sie ihm eine Pille zur Heilung seiner Impotenz geben könne. Sie war darüber verblüfft und meinte, daß ihr die Schuld an einer Sache zugeschoben würde, die außerhalb ihres Erfahrungsbereichs lag. Ähnliche hatte Takis (*siehe Seite 46–49*) nicht erwartet, daß seine Frau im Bett so aktiv und leidenschaftlich sein würde, weil er von der falschen Vorstellung ausgegangen war, eine Jungfrau könne sexuell nicht so stark empfinden.

Gefühle verstehen
Wenn zwei Partner sich gut kennen, kann die gesteigerte Intimität, die sich daraus ergibt, dazu führen, daß die Beziehung sowohl emotional als auch körperlich neue Höhen erreicht.

Verhaltensmuster

Die Psychologie geht davon aus, daß wir uns unser Leben als Kinder nach unseren »persönlichkeitsspezifischen Prioritäten« einrichten. Es handelt sich dabei um Charaktereigenschaften wie Vertrauen, Kontrolle oder auch den Wunsch, anderen zu gefallen. Wenn Sie die persönlichkeitsspezifischen Prioritäten Ihres Partners kennen, können Sie seine geheimsten Gefühle besser verstehen und Lösungen finden, wenn diese Gefühle Probleme verursachen.

Manche Menschen geben sich große Mühe, ihren Mitmenschen zu gefallen, während andere ständig beruhigt und getröstet werden wollen. Wieder andere legen eine gewisse Überheblichkeit an den Tag oder üben gerne Macht aus. Auch wenn wir alle verschieden sind, brauchen besonders Menschen, deren persönlichkeitsspezifischen Prioritäten alle anderen Aspekte ihrer Persönlichkeit überlagern, Verständnis und taktvolle Führung.

Der Gefallsüchtige

Menschen, die ständig etwas für andere tun, gelten als sehr angenehme Zeitgenossen. Solange sie dafür keine Belohnung erwarten, ist das auch durchaus in Ordnung. Viele von ihnen glauben jedoch, sie könnten sich so Liebe und Zuneigung verdienen oder kaufen. Sie tun alles, um nicht anzuecken, und die Wertschätzung der anderen ist für sie das Allerwichtigste. Leider ist das vergebliche Liebesmüh, denn sie können sich nie sicher sein, ob sie um ihrer selbst willen oder nur wegen ihrer Geschenke geliebt werden.

Der Bequeme

Diese Menschen neigen dazu, Streß um jeden Preis zu vermeiden. Oft wurden sie in ihrer Kindheit sehr verwöhnt und können daher nicht zwischen echten Bedürfnissen und bloßen Wünschen unterscheiden. Wenn sie erwachsen sind, führt das Bedürfnis nach umgehender Befriedigung ihrer Wünsche schnell zu Frustrationen.

Der Betroffene wird alles versuchen, um diesen Streß zu vermeiden und ihn unter allen Umständen umgehen wollen. Nicht selten bricht ein solcher Mensch eine Beziehung einfach ab und sucht sich einen neuen Partner, statt sich mit den Beziehungsproblemen auseinanderzusetzen und sie zu lösen.

Ihm zu helfen, ist äußerst schwierig, weil er bei jedem Druck davonläuft, dem Problem aus dem Weg geht, Gespräche verschiebt oder dringend etwas erledigen

---

Der Gefallsüchtige
tut anderen gerne einen Gefallen, erwartet aber eine Belohnung

Der Bequeme
wurde früher oft verwöhnt und wünscht sich ein leichtes Leben

Der Überhebliche
muß immer Recht haben, braucht aber Liebe und Bestätigung

Der »Kontrolltyp«
muß Situationen, Gefühle, Menschen unter Kontrolle haben

Persönlichkeitstypen
Wenn Sie einen dieser Charakterzüge an sich selbst entdecken, sollten Sie darauf achten, daß er Ihre Persönlichkeit nicht dominiert.

Neue Einsichten gewinnen
Die Einsicht, daß man sich eine Sache ruhig einmal anders überlegen darf, obwohl man dies ein Leben lang für eine Schwäche gehalten hat, kann eine Offenbarung sein. Meinungsänderungen und die Einsicht, daß es normal und menschlich ist, Fehler zu machen, sind oft klare Zeichen für Reife.

muß, nur um sich keiner Diskussion zu stellen. Es mag helfen, wenn man den Betroffenen darauf hinweist, daß Streß am besten verringert wird, indem man sich vernünftig verhält. Es ist immer klug, seine Gedanken auf die positiven Seiten einer Situation zu konzentrieren, statt über die negativen nachzugrübeln.

DER ÜBERHEBLICHE

Er muß stets das Gefühl haben, seinen Mitmenschen überlegen zu sein. Er bevormundet den Partner, muß immer recht haben oder gibt ständig an. Man kommt mit einem solchen Menschen am besten zurecht, wenn man ihm versichert, wie sehr er geliebt und geschätzt wird. Diese Methode ist sehr wirkungsvoll, da Überheblichkeit und der Wunsch, sich ständig beweisen zu müssen, oft eng mit starken Minderwertigkeitsgefühlen verbunden sind.

DER »KONTROLL-TYP«

Ein Mensch kann in dreifacher Hinsicht zum »Kontroll-Freak« werden. Zum einen übt er möglicherweise strenge Selbstkontrolle und gibt nie seinen Gefühlen nach, so daß er in Beziehungen als sehr unnahbar empfunden wird. Andere versuchen hingegen, Situationen zu kontrollieren. Im Extremfall kann dies zu einem Zusammenbruch führen, wenn eine bestimmte Situation beispielsweise nicht kontrollierbar ist. Die dritte und häufigste Verhaltensweise besteht darin, seine Mitmenschen zu kontrollieren, die darauf unausweichlich mit Wut reagieren. Im sexuellen Bereich neigen solche Menschen dazu, jegliche Initiative oder leidenschaftliche Hingabe des Partners zu unterdrücken, wenn sie nicht ihren Vorstellungen entspricht.

KONTROLLE AUFGEBEN
Als Andrew (siehe Seite 102–105) erkannte, daß die Schwierigkeiten, die er und seine Freundin Vicki miteinander hatten, zum Teil darauf zurückzuführen waren, daß er glaubte, sein Leben und seine Beziehung nicht mehr unter Kontrolle zu haben, konnten beide auf eine glücklichere, stabilere Partnerschaft hinarbeiten.

SO LERNEN SIE, REAKTIONEN ZU KONTROLLIEREN

Setzen Sie diesen Plan ein, um schmerzliche oder schwierige Situationen zu meistern – etwa wenn Sie das Gefühl haben, daß das, was Sie tun, als selbstverständlich hingenommen wird. Der Plan stammt ursprünglich vom Psychologen Alfred Adler (1870–1937).

1. *Denken Sie daran, daß weniger die Ereignisse in Ihrem Leben (die Sie oft nicht kontrollieren können) Auswirkungen auf Sie haben, sondern vielmehr Ihre Einstellung zu diesen Ereignissen (die Sie eher »wählen« können). Oft ist es die Reaktion auf ein Ereignis, die Ihnen Schmerz verursacht und nicht das Ereignis selbst.*
2. *Wenn Sie sehr emotional auf eine Situation reagiert haben, versuchen Sie, dies zu unterbinden, indem Sie sich sagen, daß das alles nur schlimmer macht.*
3. *Statt über ein Problem nachzugrübeln und deshalb bedrückt zu sein, denken Sie an etwas Positives und Angenehmes – planen Sie eine bessere Zukunft für sich.*

Diese Schritte sind nur ein kleiner Anfang, aber sie können verhindern, daß Sie immer stärker in einen Depressionssog hineingeraten, wenn etwas einmal nicht klappt. Positives Denken ermöglicht es Ihnen, Ihre Gefühle – und Ihr Leben – wieder unter Kontrolle zu bringen.

Gefühle besser verstehen

Eine neuere Untersuchung ergab, daß sich die meisten Männer und Frauen von einer Ehe vor allem persönliches Glück und emotionale Bereicherung erhoffen. Früher hingegen galt die Ehe als Institution, die nicht allein der Befriedigung von Gefühlen, sondern auch der Pflichterfüllung diente. Die heutige Einstellung zur Ehe läßt zudem außer acht, wie wichtig es ist, die Gefühle des anderen Partners zu verstehen.

Die Partner in einer modernen Ehe übernehmen nicht nur die Rolle eines Geldverdieners, Gefährten, eines Vaters oder einer Mutter, sondern es wird auch erwartet, daß jeder von beiden für das seelische Wohlbefinden des anderen sorgt. Das ist keine leichte Aufgabe und setzt bei den Partnern Unabhängigkeit und eine positive Lebenseinstellung voraus.

Alfred Adler vertrat die Auffassung, daß sich unser gesamtes Leben darauf konzentriere, sich einigermaßen gut zu fühlen. Drei Faktoren spielen dabei eine wichtige Rolle: der Beruf (er gibt uns das Gefühl, in der Welt nützlich zu sein), soziale Kontakte (die Gesellschaft, die wir mit Freunden genießen) und intime Beziehungen. Spätere Studien, in denen man untersuchte, was tatsächlich dafür verantwortlich ist, ob wir uns gut oder schlecht fühlen, kamen zu dem Ergebnis, daß auch Faktoren wie Selbstwertgefühl, Lebenssinn, Fürsorge und Freizeit einen entscheidenden Einfluß auf unser Leben haben.

Schaut man hinter die vermeintlichen Gefühle des Partners, lernt man seine wahren Empfindungen eher kennen.

Fürsorge

Vielleicht stimmt es, daß die Fürsorge für andere Menschen Frauen mehr Freude bereitet als Männern, aber das soll nicht heißen, daß es nicht auch viele Männer genießen, sich um andere kümmern zu können. Fürsorge ist eine Kombination aus verschiedenen Eigenschaften, bei denen es darum geht, sich um andere zu kümmern, sie zu ermutigen und zu unterstützen. Ein Partner ist jedoch nicht fürsorglich, wenn er dem anderen alles abnimmt, denn damit verweigert er ihm Unabhängigkeit und Selbständigkeit. Sexuelle Fürsorge umfaßt die Geduld, die nötig ist, um einem Partner dabei zu helfen, seine sexuellen Reaktionen kennenzulernen, aber auch ohne Sex auszukommen, wenn der Partner einmal nicht sexuell aktiv sein will oder kann, und auf sexuelle Aktivitäten Rücksicht zu nehmen, die dem Part-

MIT UNSICHERHEIT ZURECHTKOMMEN
Wenn man nicht besonders selbstsicher ist, kann es schwierig werden, mit Eheproblemen zurechtzukommen. Eine Frau machte nach vielen Ehejahren eine Therapie und offenbarte, daß sie noch nie einen Orgasmus erlebt hatte, aber Angst gehabt hatte, dies anzusprechen. Ein Selbstbewußtseinstraining half ihr schließlich, zum Höhepunkt zu kommen und sich – dank des neugewonnenen Selbstwertgefühls – besser zu fühlen.

ner besonders gut gefallen, ohne daran unbedingt selbst teilzunehmen. Für viele Menschen bedeutet dies Wärme, Liebe und Sicherheit. Ein Paar kann diese Gefühle wahrscheinlich am besten zeigen, wenn sich beide ein wenig bemuttern.

FREIZEIT

In Zeiten, in denen persönliche Leistung, finanzieller oder beruflicher Erfolg und Belastungen im Beruf alles andere zu überragen drohen, mag eine konstruktive Betrachtung der Freizeit überflüssig scheinen. Doch Freizeit hat einen besonderen Wert, weil sie uns zusätzliche Möglichkeiten für persönliches Wachstum gibt. Außerdem ermöglicht sie es, ganz andere – in erster Linie entspannende – Gefühle zu erleben. Freundschaft, Liebe und Sex haben bei vielen Freizeitaktivitäten eine besondere Bedeutung.

SELBSTWERTGEFÜHL

Das eigene Selbstwertgefühl wird möglicherweise so sehr mit Lieben und Geliebtwerden identifiziert, daß man bisweilen vielleicht gar keine andere Möglichkeit sieht. Die Grundlage für Selbstbewußtsein ist die Liebe, die man als Kind erfahren hat. Wenn ein Mensch diese Liebe nicht erlebt hat, ist es dennoch möglich, daß er durch enge Freunde und sexuelle Partner Selbstwertgefühl gewinnt. Selbstwertgefühl ist oft ein Problem für Frauen, denen es schwerfällt, einen Orgasmus zu erleben. In Therapiegruppen ist den Teilnehmern häufig ein geringes Selbstbewußtsein gemein, was nicht nur auf schlechten Sex zurückzuführen ist. Befaßt man sich einmal näher mit der Familiengeschichte der Betroffenen, resultiert die geringe Selbstachtung stets aus verbaler Erniedrigung, mangelnder Ermutigung oder fehlender Unterstützung durch die Eltern.

Ein gutes Sexualleben ist nicht alles, was uns im Leben glücklich machen kann. Viele Menschen, die im sexuellen Bereich wunderbare Erfahrungen machen konnten, sind in der Lage, diese Gefühle auf andere Situationen zu übertragen, in denen Respekt und Selbstachtung ein ähnliches Wohlgefühl hervorgerufen haben.

EINEN LEBENSSINN FINDEN

Zahllose Dinge können dem Leben einen Sinn verleihen – angefangen bei den ernsten Diskussionen von Jugendlichen über Gut und Böse bis hin zu der Freude, die man empfindet, wenn man einen geliebten Menschen in den Armen hält.

Den Sinn des Lebens zu finden, ist vielleicht besonders dann am wichtigsten, wenn man das Gefühl hat, auf nichts zurückgreifen zu können. Im sexuellen Bereich können derartige Depressionen dazu führen, daß der Betroffene plötzlich kein Interesse mehr an einem vielgeliebten Partner hat oder der Liebesakt an sich ihm so langweilig erscheint, daß er keine Freude mehr dabei empfindet. Schenkt man den unterdrückten Gefühlen Aufmerksamkeit, können damit unter Umständen auch die sexuellen Schwierigkeiten beseitigt werden (*siehe Seite 134–139*).

SICH MIT DER WAHRHEIT AUSEINANDERSETZEN
Als Anna und Robert (siehe Seite 40–43) entdeckten, was in Wahrheit hinter Annas gefühllosen Bemerkungen steckte, konnten sie mehr Verständnis füreinander aufbringen und so ihre Ehe retten.

DEN PARTNER KENNENLERNEN

NICHT GUT IM BETT?

Eine gefühllose Bemerkung geht unter die Gürtellinie, vor allem dann, wenn sie die sexuellen Fähigkeiten des Partners in Frage stellt. Als Anna, eine willensstarke Frau und fünf Jahre älter als ihr Mann, seine sexuelle Leistung kritisierte, reagierte Robert mit starken Depressionen.

Anna erregte Robert, weil sie im sexuellen Bereich immer den aktiven Part übernahm

VERSAGENSANGST
Robert hatte so starke Depressionen, daß er es in Betracht zog, seine Frau zu verlassen. »Sie machte mir den Hof, was mir sehr gefiel, aber nach der Geburt der Zwillinge hat sie das Interesse an mir verloren. Ständig macht sie unterschwellig negative Bemerkungen, besonders dann, wenn wir uns gerade geliebt haben. Mit anderen Worten: Ich befriedige sie nicht. Ich glaube, ich hatte deshalb immer Angstgefühle, aber jetzt wird es zuviel. Ich kann so nicht weitermachen.«

SICH VERÄNDERNDE BEDÜRFNISSE
Anna fand Robert zu Beginn ihrer Beziehung sehr aufregend. »Der große Reiz bestand darin, daß Robert mein Urteil respektierte und mich als attraktive ältere Frau empfand. Damals war Roberts sexuelle Passivität für mich ausgesprochen erregend.«

NICHT GUT IM BETT?

VERLETZBARKEIT ERKENNEN

Anna schien nicht weiter beunruhigt, als ihr Mann ihr erklärte, er wolle sie verlassen. Dennoch gab sie zu: »Ich möchte nicht, daß Robert geht. Aber ich möchte, daß er endlich aufhört zu schmollen. Ich weiß, daß er mich als unglaublich starke Frau empfindet, aber auch ich bin verletzlich. Was unser Sexualleben angeht, so ist er sicher nicht der aufregendste Liebhaber, den ich kenne. Aber ich habe die Vertrautheit unseres Liebesspiels immer genossen.«

ANMERKUNGEN ZUM FALL

ANNA UND ROBERT

Annas Rolle in ihrer Beziehung zu Robert hatte sich verändert: Sie spielte nicht mehr die dominante Rolle – was Robert als erregend empfunden hatte –, sondern schikanierte ihn jetzt, was bei ihm derartige Depressionen verursachte, daß er daran dachte, sie zu verlassen. Als sie – auf Roberts Rat hin – zur Beratung kamen, schien Anna relativ unberührt davon, daß ihre Ehe zerbrechen könnte. Vielleicht glaubte sie, daß Robert nachgeben und sie bitten würde, ihrer Beziehung noch eine Chance zu geben.

Persönlichkeitstypen
Annas Problem bestand aus drei miteinander verknüpften Komponenten. Ihre Überheblichkeit war im Grunde eine Tarnung für tiefsitzende Minderwertigkeitsgefühle. Diese Gefühle wurden dadurch verstärkt, daß sie glaubte, nach der Geburt der Zwillinge nicht mehr so attraktiv zu sein. Ihre Minderwertigkeitsgefühle waren das Vermächtnis einer Kindheit, die von ihrem harten und aggressiven Vater beherrscht worden war. Um ihre Eheprobleme zu überwinden, war es nötig, daß Anna sich mit ihrer wahren Natur und deren Ursachen auseinandersetzte und daß beide Partner den vorherrschenden Persönlichkeitstyp des anderen besser verstanden (siehe Seite 56). Als sie sich anschließend daran machten, ihre Ehe zu reparieren, konnten sich beide auf die gegenseitigen Stärken konzentrieren und Rücksicht auf angreifbare Bereiche nehmen.

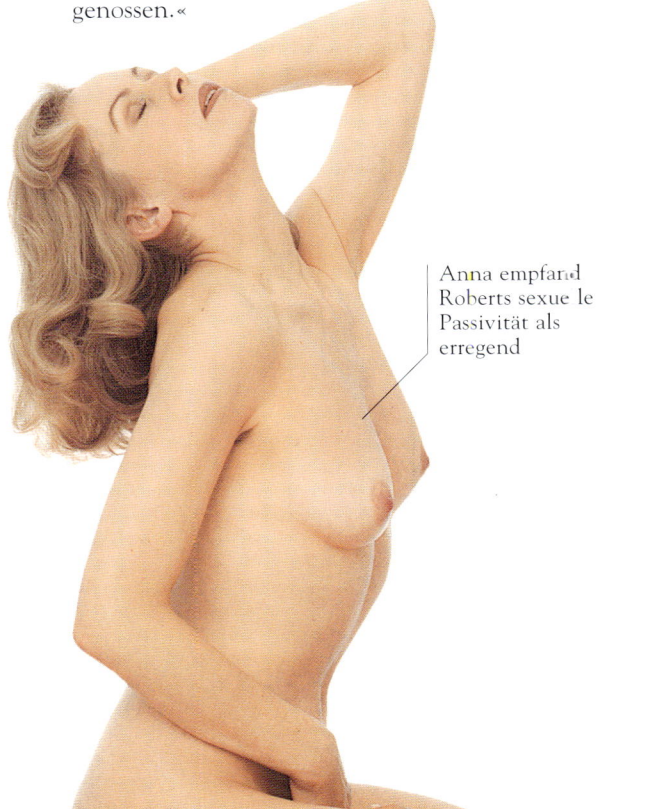

Anna empfand Roberts sexuelle Passivität als erregend

DEN PARTNER KENNENLERNEN

Das Interesse wiederbeleben

In der Therapie gelang es Anna herauszufinden, was ihrem Verhalten zugrunde lag, so daß sie positive Schritte zur Rettung ihrer Ehe unternehmen konnte. Robert versprach, seine Frau stärker zu unterstützen, was er früher aufgrund ihres aggressiven Verhaltens nicht für nötig gehalten hatte. Sie reagierte liebevoll darauf.

GEFÜHLE VERBERGEN
Anna berichtete, daß ihr Vater ein sehr schwieriger Mann gewesen war, der sich über seine Mitmenschen stets lustig gemacht hatte. Daher versuchte sie in ihrer Kindheit ständig, trotz seines destruktiven Verhaltens positive Gefühle zu sich selbst zu entwickeln. Als Anna erfuhr, daß ihre »Überheblichkeit« darauf zurückzuführen war, daß sie sich im Grunde minderwertig empfand, wurden beide Partner nachdenklich. An diesem Abend schlief das Paar zum erstenmal seit Wochen wieder miteinander. Robert fühlte sich dabei stärker, während Anna sich als die Bedürftigere empfand.

Beruhigende Worte und Vertrauen können beiden Partnern helfen, sich liebevoll zu begegnen

DAS INTERESSE WIEDERBELEBEN

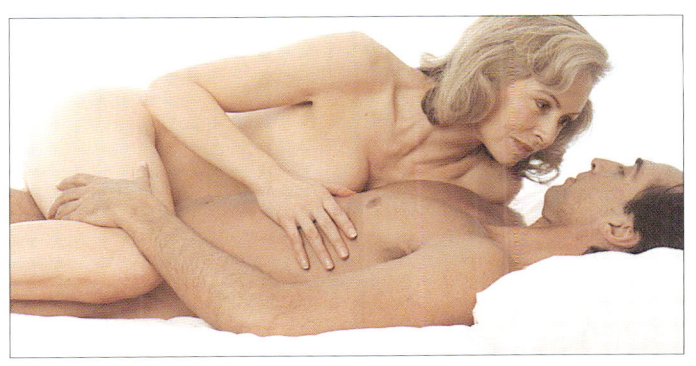

SELBSTZWEIFEL VERSTEHEN
In der nächsten Sitzung enthüllte Anna, daß sie depressiv geworden war, weil sie sich nach der Geburt der Zwillinge als weniger attraktiv empfand. Sie hatte das Gefühl, daß ihre Selbstzweifel alte Verhaltensmuster ausgelöst hatten. Sie entschuldigte sich zwar nicht direkt, aber Robert berichtete mir, daß sie sich nun wieder aktiv darum bemühte, Sex mit ihm zu haben.

MEHR VERGNÜGEN
Während der nächsten sechs Monate arbeitete das Paar hart daran, das Zusammenleben zu verbessern. Beide wurden dazu aufgefordert, sich so zu verhalten, daß der andere sich erwünscht und begehrt fühlt – und das nicht nur auf sexuellem Gebiet. Robert erinnerte Anna hin und wieder an die Gefahr, in die »Überheblichkeitsfalle« zu tappen, was dazu führte, daß sie gute Fortschritte machte, wenn es auch gelegentlich zu einem Rückfall kam. Robert hingegen wirkte nun stärker und fühlte sich auch so. Annas neuerwachtes sexuelles Verlangen führte dazu, daß sie die Initiative ergriff, wenn er es am wenigsten erwartete.

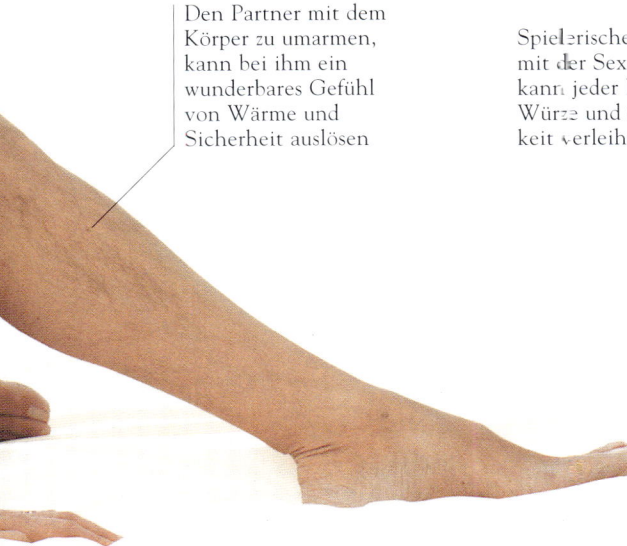

Den Partner mit dem Körper zu umarmen, kann bei ihm ein wunderbares Gefühl von Wärme und Sicherheit auslösen

Spielerischer Umgang mit der Sexualität kann jeder Beziehung Würze und Sinnlichkeit verleihen

43

Unterschiedliche Einstellungen

Die Sichtweise der Welt außerhalb der Familie hängt bei jedem Menschen von Zeitpunkt und Ort seiner Geburt ab. Wären wir beispielsweise Amazonas-Indianer, wäre der Regenwald unsere Welt. Jeder Ort außerhalb wäre für uns eine Traumwelt, also nicht die reale Welt. Dieses Beispiel zeigt, was für unterschiedliche Konzepte wir haben können und daß jeder Mensch einen ganz einzigartigen Blickwinkel hat.

Für einen Teenager in der westlichen Welt ist es ganz normal, einen Computer zu besitzen. Er kennt sich mit komplizierten Haushaltsgeräten aus, empfindet es als ganz selbstverständlich, daß beide Eltern arbeiten und erwartet, durch Kino und Fernsehen Zerstreuung zu finden. Eine solche Sichtweise der Welt verändert die Art und Weise, wie wir uns wahrnehmen. Empfinden wir die Welt als Ort, an dem wir ständig belohnt werden, können wir faul oder gelangweilt werden. Erscheint sie uns aggressiv oder gefährlich, ziehen wir uns möglicherweise zurück. Wenn wir glauben, daß sie uns grenzenlose Macht bietet, können wir machtbesessen werden oder laden uns zuviel Verantwortung auf.

Das Problem unterschiedlicher Hintergründe

Psychologische Untersuchungen zeigen, daß eine glückliche und dauerhafte Ehe wahrscheinlich ist, wenn Charakter und Hintergrund der Partner ähnlich sind. Das heißt nicht, daß eine Bindung nicht halten wird, wenn der Partner einen anderen Hintergrund hat – oft helfen die Unterschiede, das Interesse wachzuhalten. Man sollte diese Unterschiede jedoch verstehen und sie, falls nötig, berücksichtigen. Wenn Sie mit Menschen aus anderen Kulturen zurechtkommen, fällt es Ihnen vielleicht auch leichter, sich anderen Sitten anzupassen. Möglicherweise stellen Sie jedoch fest, daß Sie gar nicht so flexibel reagieren, sobald Ihre Überzeugungen in Frage gestellt werden. Wenn Sie Ihre Wertvorstellungen verstehen und wissen, woher sie stammen, heißt das nicht, daß Sie sie aufgeben müssen. Kollidieren sie allerdings mit denen Ihres Partners, sollten Sie sich fragen, ob Ihre ursprünglichen, in der Kindheit gewonnenen Einsichten richtig waren. Vielen Menschen fällt es schwer zu akzeptieren, daß die Werte, denen sie so große Bedeutung beimessen, an denen sie vielleicht bereits seit Jahren festhalten, überholt und voreingenommen sind. Doch bis diese Werte überprüft und entweder akzeptiert oder abgelegt wurden, wird die Beziehung darunter leiden.

Häufige Konfliktbereiche

Rasse
Kultur
Erziehung
Soziale Klasse
Politik
Nationalität
Religion

Ansichten und Überzeugungen
Obwohl es viele Lebensbereiche gibt, in denen Partner Unterschiede feststellen, können diese Differenzen häufig nicht nur überwunden werden, sondern sich auch als stimulierend erweisen.

UNTERSCHIEDLICHE EINSTELLUNGEN

Unterschiede erkennen

Manchmal ist es schwierig zu akzeptieren, daß andere Kulturen gleichermaßen tief verwurzelte Überzeugungen und Wertmaßstäbe haben, die dem einen ganz natürlich scheinen mögen, während der andere sie als brutal, ungerecht oder lächerlich empfindet. So fällt es beispielsweise vielen Frauen aus westlichen Ländern, die Männer aus dem Osten heiraten, schwer, die strengen sozialen und ehelichen Gebote zu akzeptieren, wie sie in der Kultur des Mannes gefordert werden. Werden diese Unterschiede nicht bereits vor der Ehe erkannt, können daraus später erhebliche Probleme erwachsen.

Obwohl man verstehen sollte, wie sich der Hintergrund des Partners auf die Beziehung auswirken kann, müssen Sie sich auch vor Augen führen, welche Wirkung er auf das Alltagsleben haben kann. Die Erkenntnis, daß sich der kulturelle Hintergrund des Partners möglicherweise als wichtiger erweist als der eigene oder die eigene Person, kann äußerst schmerzhaft sein. Vielleicht haben Sie aus Höflichkeit oder Fürsorge nicht auf Fehler in den kulturellen Überzeugungen Ihres Partners hingewiesen, aber Ihr Partner ist möglicherweise nicht so verständnisvoll. Manchmal entstehen Probleme bei so grundlegenden Dingen wie Eßgewohnheiten, Beruf oder Gleichberechtigung in der Beziehung.

Sich aufeinander einstellen

Wenn man sich auf eine langfristige Beziehung einläßt, sollte man sich unbedingt darüber im klaren sein, daß der Partner wirklich der Mensch ist, den man will. Das ist besonders dann wichtig, wenn die Partner verschiedenen Kulturen angehören, da beide zwar bereit sein mögen, Kompromisse einzugehen, aber nicht ihre Persönlichkeit ändern werden. Akzeptiert ein Partner zu bereitwillig die kulturellen und ethnischen Unterschiede, muß er möglicherweise bald feststellen, daß er nicht mehr vernünftig urteilen kann. In Takis' und Petras Beziehung *(siehe Seite 46–49)* beispielsweise war Petra zwar gezwungen, beim Ausdruck ihres sexuellen Vergnügens Kompromisse einzugehen, aber ihre Ehe konnte überstehen, da Takis in der Eheberatung erfuhr, daß er sein Verhalten ändern mußte, wenn er in Deutschland und nicht in seiner Heimat Griechenland leben und arbeiten wollte. Dies tat er, indem er eine Familie gründete. Außerdem lernte er, daß er keine Wutanfälle bekommen mußte, um ernstgenommen zu werden. Meistens können auftretende Probleme mit ein wenig Kompromißbereitschaft gelöst werden. Es ist unwahrscheinlich, daß zwei Menschen sich aufeinander einlassen, wenn sie beide nicht »aus dem Bauch« heraus wissen, daß sie füreinander geschaffen sind. Akzeptiert eine Familie in einer Zeit wie der unseren, in der viele Menschen weltweit Freunde haben, eine »gemischte« Ehe nicht, ist es wichtig, daß enge Freunde das Paar unterstützen, wenn zwei Kulturen im Zusammenleben aufeinanderprallen. Schließlich macht das anfänglich füreinander vorhandene Verständnis und später die Kompromißbereitschaft eine Ehe zwischen verschiedenen Kulturen aufregend.

Sich aufeinander einstellen
Takis und Petra (siehe Seite 46–49) erkannten, daß ihre unterschiedlichen Erwartungen sie langsam auseinanderdriften ließen. Ein wenig Verständnis von beiden Seiten belebte ihre Beziehung bald neu.

DEN PARTNER KENNENLERNEN

KULTURBEDINGTE KONFLIKTE

Jeder Mensch drückt sich im Bett auf ganz einzigartige Weise aus. Petra beispielsweise gab ihre spröde Zurückhaltung auf und verwandelte sich in eine hemmungslose Geliebte. Takis, den ihre jungfräuliche Art angezogen hatte, beobachtete ihr Verhalten mit Mißtrauen.

MISSTRAUEN
Die meisten Männer würde eine solche Leidenschaft erregen, doch Takis begegnete Petras Sexualität mit tiefem Mißtrauen. Seine Zweifel steigerten sich noch, als Petra nach kurzer Zeit schwanger wurde, obwohl sie die Pille nahm. Takis kam gleich zu dem Schluß, daß er hinters Licht geführt worden war: »Ich glaube, sie will mir das Kind eines anderen unterschieben.«

Doch obwohl er die Scheidung forderte, konnte er ihr nicht widerstehen und schlief weiter mit ihr.

DIE UNSCHULD VOM LANDE
Es war nicht schwer zu verstehen, warum Takis sich zu Petra, die für ihn die ideale Frau zu sein schien, hingezogen fühlte: Sie sah aus wie ein Unschuldsengel, trug keine auffällige Kleidung, war hübsch und freundlich. Sie verkörperte gute Erziehung und Bescheidenheit. Doch sie gehörte zu den Frauen, hinter deren sanftem Äußeren sich ein ausgesprochen sinnliches Wesen verbarg. Sie hatte nur auf jemanden gewartet, der ihre Leidenschaft wecken würde, und dieser Jemand war ihr Mann Takis, mit dem sie seit drei Monaten verheiratet war.

Die sexuelle Entspannung, die Petra bei ihrem Mann fand, widersprach ihrer Bescheidenheit und Kultiviertheit

KULTURBEDINGTE KONFLIKTE

WUTANFÄLLE

Takis war ein launischer junger Mann, der leicht wütend wurde. Petra, die jeden Grund hatte, sich verletzt zu fühlen, mußte ihn dann besänftigen und auch sonst wie eine Mutter behandeln. »Ich habe alles getan, um ihn zu beruhigen«, berichtete sie, »aber unser Liebesspiel ist ruiniert. Es ist überhaupt nicht mehr spontan. Alles, was ich tue, ruft nur Probleme hervor. Aber Takis braucht Trost, und deshalb machen wir weiter.«

NICHT AUFHÖREN KÖNNEN

Es war Petra, die zur Eheberatung kam, weil Takis fast hysterisch forderte, sie solle eine Abtreibung vornehmen lassen. Das wollte Petra zwar nicht, aber sie befand sich in einer Zwickmühle. Eine Abtreibung würde ihren Mann beruhigen, aber ein großes emotionales Opfer für sie bedeuten. Tat sie es nicht, würde sie ihn verlieren, was sie nicht wollte. Die Situation war recht merkwürdig, da Takis weiterhin jede Nacht mit seiner Frau schlief. Was ging hier vor?

Petra hatte das Gefühl, nicht mehr die dominante Rolle im Bett übernehmen und den Sex mit Takis genießen zu dürfen, trotzdem wollte sie ihn befriedigen

DEN PARTNER KENNENLERNEN

Wie sieht die Realität aus?

Wenn ein Mann einerseits die sexuellen Techniken seiner Frau kritisiert, aber andererseits von ihr verlangt, mit ihm zu schlafen, geht es eigentlich um eine Machtfrage. Aber um wessen Macht? Takis wirkte äußerlich gewandt und weltklug, doch im Grunde war er verletzbar und unsicher.

ERZIEHUNG
Einstellungen, die sich in früher Kindheit entwickelt hatten, führten zu großen Meinungsverschiedenheiten bei Takis und Petra. Da er bestimmte Vorstellungen darüber hatte, wie die richtige Einstellung einer Jungfrau zur Sexualität auszusehen habe, interpretierte Takis das unschuldige Verhalten seiner Frau falsch. Petra ihrerseits hatte gelernt, ihre Emotionen einschließlich ihrer Sexualität weitgehend zu unterdrücken, doch das änderte sich bald nach ihrer Heirat.

FAMILIÄRE EINFLÜSSE
Takis war in einer hysterischen Familie aufgewachsen, in der man sein Ziel meist mit dramatischen Auftritten erreichte, aber jetzt zerstörten seine kindischen Wutanfälle langsam seine Ehe. Dennoch sehnte sich Petra nach seinem feurigen Temperament, um einen Ausgleich für ihre »kühle« Erziehung zu finden.

WIE SIEHT DIE REALITÄT AUS?

FORTSCHRITTE

Das Paar stimmte bald darin überein, daß es miteinander verhandeln mußte. Petra lernte, daß sie strenger mit ihrem Mann sein mußte, ähnlich wie seine Mutter es in seiner Kindheit gewesen war, und Takis entdeckte, daß seine Frau ausreichend auf ihn einging, so daß kein »Bedarf« mehr an seinen Wutanfällen bestand. Glücklicherweise setzten beide ihre Ehe fort und ließen auch keine Abtreibung vornehmen. Beide waren glücklich, als das Baby geboren wurde. Durch Takis' Zweifel gewann Petra ihre sexuelle Spontaneität nie ganz wieder, aber ihr Liebesspiel war angenehm und ihre Beziehung so liebevoll, daß sie weiter mit ihrem Mann schlafen wollte.

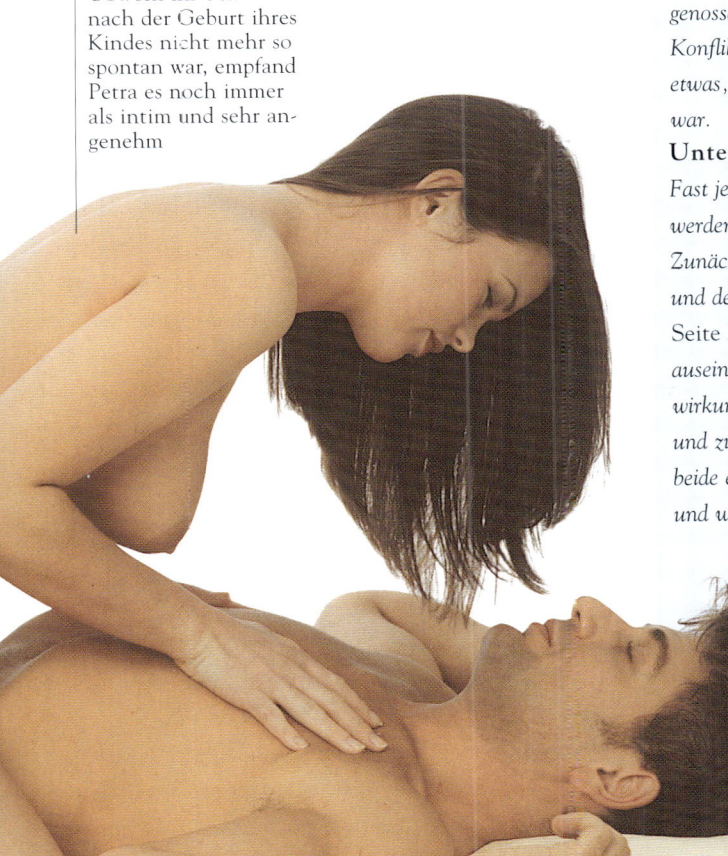

Obwohl ihr Sexualleben nach der Geburt ihres Kindes nicht mehr so spontan war, empfand Petra es noch immer als intim und sehr angenehm

ANMERKUNGEN ZUM FALL

TAKIS UND PETRA

Die unterschiedlichen Einstellungen von Takis und Petra und das daraus resultierende Mißtrauen in ihrer Beziehung war zum einen auf ihre verschiedenartige Erziehung zurückzuführen und zum anderen darauf, daß sie in unterschiedlichen Kulturen aufgewachsen waren.

Einflüsse

Die persönlichkeitsbildenden Einflüsse von Familie und Kultur waren bei Takis und Petra in der Jugend sehr stark gewesen und wirkten in ihrem Leben als Erwachsene weiter. Und da beide eine sehr unterschiedliche Erziehung genossen hatten, war ihre Beziehung zwangsläufig mit Konflikten und gegenseitigen Mißverständnissen belastet – etwas, das keinem von beiden als Fehler zuzuschreiben war.

Unterschiede

Fast jeder Konflikt kann durch Verhandlungen gelöst werden, und dies traf auch auf Takis und Petra zu. Zunächst mußten sie sich mit dem eigenen Hintergrund und dem des Partners (siehe Familienkonstellationen, Seite 32) und den kulturellen Einflüssen (siehe Seite 56) auseinandersetzen, um zu verstehen, welche Auswirkungen diese Faktoren auf ihre Einstellung zum Leben und zu Beziehungen gehabt hatten. Anschließend konnten beide erkennen, wie es zu dem Problem gekommen war, und wurden sich bewußt, daß im Grunde keiner von ihnen die Schuld daran trug. Sie erkannten auch, daß ihre Beziehung nicht zum Scheitern verurteilt war, wie sie zunächst befürchtet hatten. Indem sie Probleme durchsprachen, konnten sie ihre Meinungsverschiedenheiten überwinden. Nachdem sie diese Belastungsprobe so erfolgreich gemeistert hatten, konnten sie eine neue, stabilere Beziehung aufbauen.

WERTENORMEN

Wir lernen von unseren Eltern nicht nur durch die gesprochene Sprache, sondern auch durch nonverbale Botschaften. Eine Mutter, die ihre Tochter wütend anstarrt, weil diese auf dem Schoß des Freundes sitzt, bringt damit zum Ausdruck, daß sie diese Art von sexuellem Kontakt ablehnt. Die Tochter weiß dies, weil sie die Wertvorstellungen der ihr nahestehenden Menschen übernommen hat, und ihre Mutter ist möglicherweise diejenige, die ihr am nächsten steht.

ÜBEREINSTIMMENDE ÜBERZEUGUNGEN

Das Gefühl von Vertrautheit, das man bei einem neuen Partner oft spontan empfindet, kann einen angenehm überraschen. Es entsteht normalerweise, wenn er etwas verkörpert, was man aus der eigenen Familie kennt – eine Verhaltensweise oder Einstellung, die der eigenen entspricht. Dadurch werden Ängste genommen, und man erlebt ein gewisses Wohlgefühl und Glück. Probleme hingegen können bei unterschiedlichen Überzeugungen auftreten.

Die meisten kleinen Kinder lernen, daß ihr Schmerz gelindert wird, wenn sie in den Arm genommen werden. Waren sie ungezogen, reagieren die Eltern mit Stirnrunzeln oder einem finsteren Blick, was das betroffene Kind traurig macht. Die unausgesprochenen Botschaften untermauern die Lebensvorstellungen, die von früher Kindheit an durch direkte und zufällig mitangehörte Kommentare sowie die Handlungen der anderen Familienmitglieder in uns eingepflanzt werden.

DIE ENTWICKLUNG VON ÜBERZEUGUNGEN

Oft entstehen durch die unbewußte Aufnahme der Vorstellungen unserer Eltern eigene Normen. Das ist nicht immer von Vorteil. Wächst ein Junge beispielsweise in einer Familie auf, in der die Mutter das Geld verdient, während der Vater sich um den Haushalt kümmert, findet er sich im späteren Leben vielleicht auch mit der Rolle des Hausmannes zurecht. Doch wenn der Vater Frauen haßt, übernimmt der Junge diese Einstellung unbewußt vielleicht ebenfalls. Da jede Familie einzigartig ist, kann man davon ausgehen, daß sie auch jeweils eigene Überzeugungen entwickelt hat. Bis in die jüngste Zeit wurde erwartet, daß Familien ihrer jeweiligen sozialen Klasse verhaftet blieben, und man war der festen Überzeugung, daß eine Ehe nur funktionieren konnte, wenn beide Partner aus derselben Schicht stammten, da die gemeinsamen Überzeugungen und die identische Weltsicht ihre Verbindung stärken würden. Doch heute bringen es die allgemeine Lockerung der Klassenstrukturen, die wachsende Mobilität und die unaufhaltsame Technisierung mit sich, daß wir bei der Partnerwahl nicht länger nach den vorgegebenen Mustern verfahren. Wenn wir also als Erwachsene Liebesbeziehungen eingehen, besteht immer häufiger die Möglichkeit, daß es sich bei unseren Partnern um Menschen mit anderem Hintergrund und vielleicht auch ganz anderen kulturellen und familiären Wertenormen handelt.

Wenn Sie die Überzeugungen Ihres Partners berücksichtigen, verstehen Sie besser, wie er die Welt sieht.

SEXUELLES GLÜCK UND WERTENORMEN

Wenn wir uns verlieben, treffen unsere Überzeugungen auf die des Partners. Eine der großartigen Entdeckungen besteht dann darin zu erfahren, wie wunderbar es ist, jemanden gefunden zu haben, zu dem man zu passen scheint. Das Gefühl, zusammenzugehören, ist ein wichtiges Merkmal der ersten Stadien der Liebe und kann äußerst angenehm und erfüllend sein. Und wenn wir Glück haben, stimmen wir auch in unseren Wertvorstellungen überein. Viele Frauen, die an einer Sexualberatung teilnehmen und dort ihre Gefühle ausdrücken, zeigen, daß das liebevolle Beispiel der Eltern in der Kindheit direkte Auswirkungen darauf hat, wie wir als Erwachsene sexuell auf den Partner reagieren. Stammt ein Kind von warmherzigen Eltern, die offen ihre Liebe zeigten, wird es später unbefangen auf Zeichen der Zuneigung eingehen und seine Sexualität ganz natürlich entdecken.

Kinder, denen gesagt wurde, ihre Geschlechtsteile seien etwas Schmutziges, können später beim sexuellen Kontakt gehemmt sein, und jene, die nach starren geschlechtsspezifischen Klischees erzogen wurden, empfinden möglicherweise ganz natürliche Verhaltensweisen des Partners als unattraktiv. Eine Frau verlor das Interesse an ihrem Mann, weil er nicht immer im Stehen urinierte. Sie empfand sein Verhalten als weibisch und war davon angewidert. Wer offen und taktvoll über derartige Unterschiede spricht und keine Angst hat, Neues auszuprobieren, kann zu neuen Einstellungen gelangen und solche Probleme überwinden. Mit der Pubertät beginnen wir, unsere Wertvorstellungen auch auf persönliche und sexuelle Beziehungen anzuwenden. Die emotionale und körperliche Nähe in diesen Beziehungen nimmt zu, wenn wir älter werden und unsere Wertvorstellungen durch Erfahrungen und Einstellungen Gleichaltriger beeinflußt werden. Hat ein Teenager eine enge Beziehung zu seinen Eltern, werden deren Einstellungen zu sexuellen Kontakten große Wirkung auf ihn haben. Lehnt er hingegen die Ansichten seiner Eltern ab, kann Sex als Rebellion eingesetzt werden. Schließlich findet jedoch jeder Mensch seine eigene Einstellung zum Sex. So wird der eine Sexualität als Ausdruck von Intimität und Zuneigung empfinden, während der andere sie als zwangloses Vergnügen betrachtet.

ANPASSUNG ERLERNEN

Einige feine, aber grundlegende Unterschiede in den Wertvorstellungen können große Auswirkungen haben. Im Fall von Andreas und Eva *(siehe Seite 52–55)* glaubte Eva, daß ständiger körperlicher Kontakt die Grundlage für eine dauerhafte, liebevolle Beziehung sei. Andreas fühlte sich dadurch einem Leistungsdruck ausgesetzt. Deshalb fürchteten beide, daß die Liebe, die sie füreinander empfanden, in Gefahr sei. Erst als sie die Wertvorstellungen des anderen kannten, entspannte sich die Situation.

ZUVIEL FÜR IHN
Andreas und Eva waren noch nicht lange verheiratet, als offenbar wurde, daß sie ein Problem hatten – er war nicht wie sie der festen Überzeugung, daß ein ausgeprägtes Sexualleben wesentlicher Teil einer glücklichen Beziehung ist (siehe Seite 52–55).

SEXUALVERLANGEN

Wenn Sie am Anfang einer – wie Sie hoffen – dauerhaften sexuellen Beziehung stehen, gehen Sie davon aus, daß Sie gewisse Kompromisse eingehen müssen. Doch nach nur sechs Monaten der Zweisamkeit fühlte sich Eva abgewiesen, weil Andreas nicht so viel Sex wollte wie sie.

ZUVIEL DES GUTEN

Es gibt viele Gründe, warum zwei Menschen sexuell scheinbar nicht zueinander passen. Ein unterschiedlich starkes Sexualverlangen – das heißt, ein Partner ist viel stärker an Sex interessiert als der andere – ist häufig daran schuld, aber unter Umständen auch starke Angstgefühle bei einem Partner, die dann beim Geschlechtsverkehr zum Ausdruck kommen. Gelegentlich kann es aber auch daran liegen, daß einer der Partner glaubt, ein intensives Sexualleben sei Voraussetzung einer glücklichen Ehe, während der andere diese Auffassung nicht teilt. Andreas beispielsweise hatte keine Ahnung, daß seine neue Partnerin Eva, die ständig nach mehr Sex verlangte, von dieser Überzeugung getrieben wurde. Ihm war nur klar, daß er Nacht für Nacht »Leistung« zeigen mußte.

Evas ständiges Verlangen ging auf Kosten von Andreas' Vitalität

SCHMERZLICHE ZURÜCKWEISUNG

»Ich kann mich vor Sex nicht mehr retten«, erklärte Andreas. »Wenn wir abends ins Bett gehen, ist Eva meistens bereits im Schlafzimmer und hat sich irgend etwas Exotisches angezogen, das ich ihr dann vom Leib reißen soll. Zuerst habe ich das sehr genossen – ich finde sie auch heute noch wunderbar –, aber ich fühle mich einem Zwang unterworfen. Mir würde es besser gefallen, wenn ich eine Wahlmöglichkeit hätte.« Eva, die nur gute Absichten verfolgte, fühlte sich durch Andreas' Aussage sehr verletzt und erklärte: »Ich fühle mich sehr zurückgewiesen, wenn Andreas solche Sachen sagt.«

Andreas genoß Sex und war ein guter Liebhaber, aber zuviel des Guten langweilte ihn

Eva erfand neue Liebesspiele, um Andreas' Begeisterung zu steigern

WUNDERBARER SEX – WUNDERBARES LEBEN

»Eine liebevolle Beziehung bedeutet für mich, für einen Mann zu sorgen und alles zu tun, damit er sich wohl fühlt«, meinte Eva. »Ich möchte, daß er glücklich ist und sich sicher fühlt, so daß die Welt für ihn in Ordnung ist. Ich war wirklich davon überzeugt, daß ein wunderbares Sexualleben eine gute Möglichkeit ist, dies zu erreichen.«

Eva genoß Sex – allerdings nicht so sehr als Vergnügen, sondern eher als Ausdruck von Andreas' Liebe zu ihr

ENTFREMDUNG

Durch die Unterschiede in den sexuellen Erwartungen entfremdete sich das Paar voneinander. »Wenn er lieber liest, statt mit mir zu schlafen, denke ich, mit mir stimmt etwas nicht«, berichtete Eva. Sie war der Meinung, daß ihre Liebe unter den vorhandenen Spannungen litt.

Wer ergreift die Initiative?

Wenn ein Paar, das sich ansonsten liebt, Sex nur noch als häuslichen Kampf empfindet, sollten beide alle möglichen Gründe dafür in Betracht ziehen. Oberflächlich gesehen wollte Eva zuviel Sex. Doch warum? Brauchte sie einfach nur viel Sex, oder war die Antwort komplizierter?

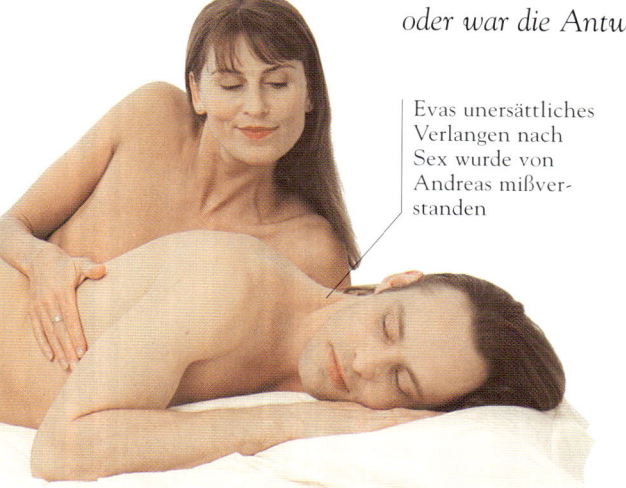

Evas unersättliches Verlangen nach Sex wurde von Andreas mißverstanden

DIE SUCHE NACH EINEM IDEAL

Evas Angewohnheit, ständig auszusprechen, wie ihrer Meinung nach Andreas' Gefühle aussahen, war ein Hinweis. Es hatte den Anschein, als ob sie unbewußt einem Leitfaden für die »ideale« Beziehung folgte. Als sie gefragt wurde, wie dieses Ideal ihrer Meinung nach aussah und wo diese Vorstellung herrührte, gab sie zu, daß sie zum größten Teil auf die Erinnerung an die Beziehung ihrer Eltern zurückzuführen war. Sie meinte, daß sie durch das Befolgen des mütterlichen Beispiels (ihre Mutter hatte stets großzügig gegeben) dieselbe Sicherheit erhalten würde, die in ihrer Familie geherrscht hatte.

ANDAUERNDE LIEBE

Trotz der Schwierigkeiten, die durch ihre unterschiedliche Einstellung zum Liebesspiel verursacht wurde, waren Andreas und Eva noch immer sehr verliebt ineinander und suchten verzweifelt nach einer Lösung des Problems. Deshalb waren beide bereit, offen über das Familienleben in ihrer Kindheit zu sprechen.

WER ERGREIFT DIE INITIATIVE

UNTERSCHIEDE ÜBERWINDEN
In Andreas' Familie war es nicht allein Aufgabe der Frau gewesen, für Wohlbefinden und Behaglichkeit zu sorgen. Als ihm bewußt geworden war, daß Eva den Erfolg ihrer Beziehung bedroht sah, tat er alles, um sie zu beruhigen.

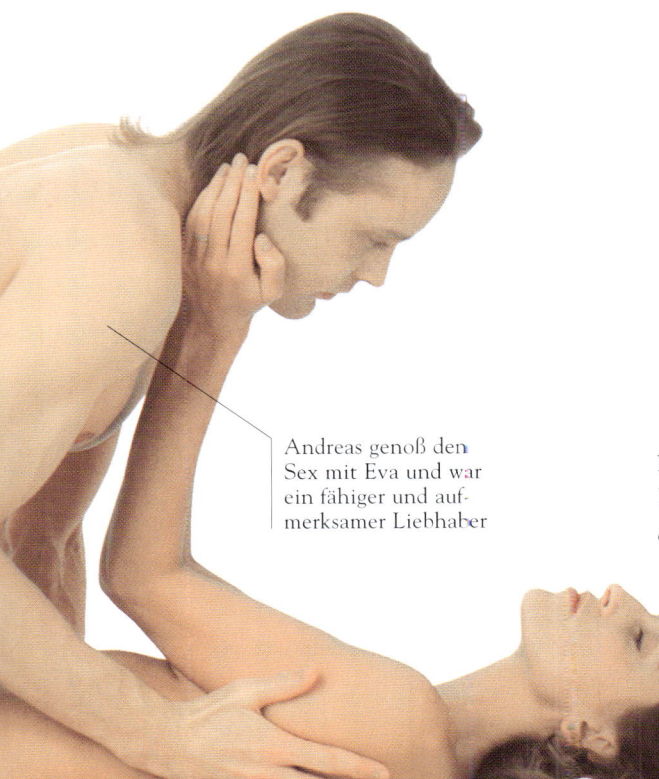

Andreas genoß den Sex mit Eva und war ein fähiger und aufmerksamer Liebhaber

ANMERKUNGEN ZUM FALL

EVA UND ANDREAS

Die scheinbaren sexuellen Gegensätze zwischen Eva und Andreas waren nicht körperlichen Ursprungs, sondern ein Konflikt ihrer Überzeugungen. Eva glaubte, der Schlüssel zu einer glücklichen Beziehung seien Großzügigkeit und die Bereitschaft zu geben, was auch die Sexualität mit einschloß. Andreas hingegen genoß Sex, teilte Evas Auffassung, daß ein Paar um so glücklicher ist, je mehr Sex es hat, aber nicht. Ihm war Qualität wichtiger als Quantität.

Unterschiede überwinden
Die Einstellungen, die beide zur Rolle der Sexualität in einer Beziehung hatten, zeigten, wie sie sich ganz allgemein den Umgang zweier Partner miteinander vorstellten. Diese Überzeugungen rührten noch aus der Kindheit, so daß es schwierig war, davon abzugehen. Ein Kompromiß schien die fairste Lösung. Eva und Andreas begannen mit einer Übung, die auf Seite 84 beschrieben wird (»Ich sollte...«), um ihre jeweiligen Überzeugungen zu analysieren und Ähnlichkeiten und Unterschiede herauszufinden. Dann setzten sie die so gewonnenen Informationen ein, um ihr Problem zu lösen. Um Evas Bedürfnisse und Andreas' Wünsche in Einklang zu bringen, gingen sie einen Kompromiß in Form eines »Sex-Vertrags« ein.

EIN SEX-VERTRAG
Beide kamen zu dem Schluß, daß die Lösung in einem Sex-Vertrag bestand. Den Partnern wurden jeweils drei Tage pro Woche zugestanden, an denen sie entscheiden konnten, ob sie Sex haben wollten, während ihnen die Entscheidung am siebten Tag freigestellt war. So hatten beide eine Wahlmöglichkeit. Andreas konnte zudem andere Möglichkeiten der Zuwendung finden, damit Eva sich nicht so stark abgewiesen fühlte.

ÜBUNGSPLAN

 *WENN SIE BEZIEHUNGSPROBLEME haben, die von unterschiedlichen Wertvorstellungen herrühren, sollten Sie Ihre Persönlichkeit analysieren, um zu sehen, wie sie Ihre Sicht der Welt beeinflußt. Bitten Sie Ihren Partner dann, dasselbe zu tun. Anschließend befassen Sie sich beide mit Ihrem kulturellen Hintergrund, um herauszufinden, warum sich Ihre Einstellungen so und nicht anders entwickelt haben.*

DEN EIGENEN PERSÖNLICHKEITSTYP FESTLEGEN

Der Therapeut H. H. Mosak vertritt die Meinung, daß die Merkmale der meisten Persönlichkeitstypen darauf zurückzuführen sind, welche Prioritäten sie unbewußt in der frühen Kindheit gesetzt haben. Obwohl es möglich ist, mehr als eine solche Priorität zu haben, gibt es normalerweise eine vorherrschende. Versuchen Sie, Ihren Persönlichkeitstyp möglichst genau zu bestimmen – eventuell mit Hilfe der objektiven Sicht Ihres Partners. Mosak zufolge gibt es bestimmte, leicht unterscheidbare Typen. Um herauszufinden, welche Priorität bei Ihnen am ausgeprägtesten ist, überprüfen Sie, welche der unten aufgeführten Charakteristika für Sie am wichtigsten sind.

- *Menschen, die alles bekommen und andere ausnutzen und manipulieren.*
- *Menschen, die sich stark zu Leistung antreiben und extrem ehrgeizig sind.*
- *Menschen, die sich allem widersetzen und die nur selten wissen, wofür sie sind, aber immer, wogegen.*
- *Die Opfer, die immer auf Katastrophen zugehen und die Sympathie und das Mitleid anderer suchen.*
- *Märtyrer, die entweder still leiden oder ihr Leiden für alle zur Schau stellen.*
- *Die Babys, die andere mit Charme und Niedlichkeit ausnutzen.*
- *Die Hilflosen, die nichts richtig machen und ständig Hilfe brauchen.*
- *Die rationalisierenden Menschen, denen der Intellekt über alles geht und die eine gedankliche Barriere zwischen sich und ihre Gefühle stellen.*

Wenn Sie Ihre jeweiligen Prioritäten ermittelt haben, können Sie feststellen, wo sich möglicherweise Konflikte ergeben. In diesem Fall sollten Sie versuchen, die Vorteile, die dieser Konflikt mit sich bringt, für sich zu nutzen, während Sie die Nachteile möglichst gering halten. Wenn Sie auf den jeweiligen emotionalen und psychologischen Stärken aufbauen und gleichzeitig Schwächen berücksichtigen, können Sie Ihre Beziehung glücklicher und enger gestalten.

KULTURELLE EINFLÜSSE

Damit Sie Ihre Überzeugungen besser einschätzen und in einen Kontext stellen können, ist es wichtig zu verstehen, welchen Einfluß die Kultur auf ihre Entstehung gehabt hat. Um das herauszufinden, überlegen Sie, wie die Außenwelt, die Menschen und Orte in Ihrer unmittelbaren Umgebung als Kind auf Sie wirkten. Dann beantworten Sie die folgenden Fragen:

- *Können Sie fünf Überzeugungen finden, die Sie gegenüber der Welt draußen hatten? Empfanden Sie die Welt beispielsweise als feindlich oder freundlich?*
- *Entsprechen einige dieser frühen Überzeugungen noch Ihrer heutigen Weltsicht? Wenn ja, welche?*
- *Woher stammen diese frühen Überzeugungen? Von Ihnen selbst, von einem Verwandten oder aus einer anderen Quelle wie Bücher oder Fernsehen?*
- *Sind diese Überzeugungen noch zeitgemäß?*
- *Entspricht die Realität der Welt draußen Ihrem Idealbild?*
- *Gibt es eine Möglichkeit, sich an diese ideale Welt anzunähern? Könnten Sie Veränderungen vornehmen, die dabei helfen würden?*

Bitten Sie Ihren Partner, die Ursprünge seiner Überzeugungen genauso zu überprüfen, und vergleichen Sie dann die Ergebnisse miteinander. So können Sie den Hintergrund des anderen erforschen und mehr Verständnis füreinander entwickeln.

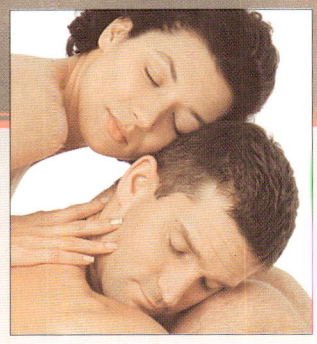

KOMMUNIZIEREN LERNEN

Hören Sie richtig zu, wenn Ihr Partner mit Ihnen spricht? Wissen Sie, ob Ihr Partner Ihnen tatsächlich zuhört? Kommunikationsgeschick läßt sich leicht erlernen und anwenden, und die positiven Ergebnisse sprechen für sich.

Die Rolle der Kommunikation

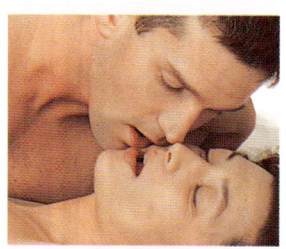

Auch wenn es wie ein Klischee klingt – Kommunikation ist gleichermaßen die Grundlage für eine gute Beziehung wie für eine schlechte. Aber unsere Kommunikation läuft auf so unterschiedliche Arten ab, derer wir uns häufig gar nicht bewußt sind, daß es für unsere Mitmenschen – und natürlich besonders unseren Partner – mitunter schwierig zu verstehen ist, was wir eigentlich versuchen, ihnen mitzuteilen.

Eine der wichtigsten Rollen eines Beraters – egal, welche Art von Beratung er anbietet –, besteht darin, den Ratsuchenden zu zeigen, wie man miteinander kommuniziert. Denn manche Menschen wissen leider nicht einmal, wie man ein richtiges Gespräch führt. Und das ist auch einer der Hauptgründe für die Verschlechterung von Beziehungen.

Gesprächsstruktur

Gespräche – damit meine ich gute Gespräche – haben eine Struktur. Sie besteht aus Reden *(siehe Seite 60)*, Zuhören, Verhandeln und Handeln. Wenn Sie diese Struktur richtig einsetzen können, lassen sich viele Schwierigkeiten lösen, so daß sich die Liebe in ihrem Kern verbessert. Langsam empfinden Sie durch eine Art emotionaler Erneuerung wieder leidenschaftliche Gefühle füreinander oder setzen einer Beziehung ein für allemal ein Ende. Letzteres ist nicht unbedingt schlecht, weil Sie dann wissen, wo Sie stehen und befreit einen neuen Anfang wagen können.

Dieses Kapitel analysiert die verschiedenen Stadien eines Gesprächs und beschreibt, wie Sie und Ihr Partner die Qualität Ihrer Gespräche verbessern können. Es liefert Beispiele für geglückte Gespräche, Beispiele für Verhandlungen und einfache Übungen, die Ihnen helfen, aktiv zu werden, wenn ein Kompromiß gefunden wurde.

Respekt und Verantwortung

In diesem Kapitel geht es auch um gegenseitigen Respekt und Verantwortung. Durch unsere Sprache zeigen wir Respekt bzw. Respektlosigkeit. Es ist interessant, daß Männer und Frauen oft respektlose Äußerungen machen, ohne das eigentlich zu beabsichtigen. Obwohl die Betroffenen ihren Partner respektieren, verfallen Sie sehr leicht in Sprachmuster, die sie als Kinder erlernt haben und die den anderen demütigen. Machen Sie sich schlechte Gewohnheiten bewußt und setzen Sie die Übung auf Seite 84 ein (»Darf ich?«), um solche Verhaltensformen abzulegen. Fürchtet ein Partner, einer Situation nicht gewachsen zu sein, wird er versuchen, besonders starke Kontrolle auszuüben. Dieser Fehler tritt dann auf, wenn der eine es dem anderen nicht gestattet, für bestimmte Bereiche seines Lebens die Verantwortung zu übernehmen. Es ist daher wichtig, diesem Partner Verantwortung zuzugestehen und ihm den »Raum« und Respekt zu gewähren, den er unbedingt braucht.

ZUHÖREN

Viele empfinden das Zuhören als etwas so Passives, daß sie glauben, in diesem Bereich nicht auf positive Weise aktiv werden zu können. Doch anderen zuzuhören ist keineswegs etwas Passives, denn der Zuhörer gibt dem anderen wichtige Signale, indem er Reaktionen zeigt *(siehe Seite 66)*. Etwas ärgert die meisten bei einem Gespräch besonders: Man hat sich gerade leidenschaftlich mit etwas auseinandergesetzt, doch der Gesprächspartner geht überhaupt nicht darauf ein und antwortet mit einer scheinbar zusammenhanglosen Aussage. Dies empfindet der andere als frustrierend und abwertend, weil er eine bessere Reaktion verdient hätte, doch wahrscheinlich ist sein Gesprächspartner kein besonders guter Zuhörer und kann das entsprechende Feedback nicht geben.

VERHANDELN

Wenn es sich bei Ihrem Gespräch um einen Streit oder eine hitzige Auseinandersetzung über ein schwieriges Problem handelt, sollte es auch Verhandlungselemente aufweisen *(siehe Seite 72)*, und jede echte Verhandlung muß einen Kompromiß umfassen. Haben zwei Menschen gegensätzliche Ansichten, müssen diese nicht unbedingt in Einklang gebracht werden, beide Seiten können jedoch Konzessionen machen. Natürlich ist dann niemand völlig zufrieden mit dem Ergebnis, aber die Tatsache, daß in dieser Situation eine Lösung gefunden wurde, ist für beide beruhigend.

HANDELN

Ein Kompromiß ist eine gute Sache, aber wenn anschließend nicht gehandelt wird, war die Diskussion wertlos. Einer der schwierigsten Aspekte bei Versprechungen, die bei einem Kompromiß gemacht wurden, ist die Tatsache, daß sie nun ausgeführt werden müssen *(siehe Seite 78)*. Nichts ist schlimmer, als von einem Partner im Stich gelassen zu werden. Aus diesem Grund sollten Sie in der Lage und bereit sein, Versprechungen auch zu erfüllen.

VORTEILE DER KOMMUNIKATION
Um in einer Beziehung ein funktionierendes Kommunikationsniveau zu erreichen, ist harte Arbeit von beiden Seiten nötig – doch die Mühe lohnt sich.

Gespräche

Eine liebevolle Beziehung sollte eine Partnerschaft zwischen gleichberechtigten Menschen sein. In diesem Fall fühlt sich jeder in Gegenwart des anderen wohl und hat nicht das Bedürfnis, gegen die Persönlichkeit des anderen anzukämpfen. Leider ist dies nicht immer einfach. Empfindet sich ein Partner als unzureichend, versucht er möglicherweise, dies durch Aggressivität wettzumachen.

GEGENSÄTZE BEI BEIDEN

VERGELTUNG

SPRECHER — verbaler Angriff — ZUHÖRER

KEINE VERGELTUNG

GEGENSÄTZE NEHMEN AB

VERBALER ANGRIFF UND VERGELTUNG
Wiederholte Vergeltung und verbale Angriffe können dazu führen, daß die Gegensätze immer größer werden. Wird Vergeltung bewußt vermieden, entschärft sich die Situation.

Unterschiede in der Intensität der Gefühle, die zwei Menschen füreinander empfinden, können teilweise auf ihre Erziehung zurückzuführen sein. Wenn man versucht, sich selbst gegenüber ein gutes Gefühl zu haben und sich dem Partner gleichwertig zu fühlen, gibt man dem anderen möglicherweise unabsichtlich ein schlechtes Gefühl. Dies führt wiederum dazu, daß sich der Betroffene defensiv verhält oder sich zu rächen sucht, indem er dem Verursacher eins auswischt und ihm Minderwertigkeitsgefühle vermittelt. Ein derartiges Hin und Her zerstört schließlich das Glück.

Was kann man tun?

Die Grundlage zur Verbesserung einer Beziehung besteht darin, besondere Gespräche zu führen. Wenn man lernt (oder wieder lernt), miteinander zu reden, verbessert sich die Liebe in ihrem Kern. Denken Sie einmal an die ersten Monate Ihrer Beziehung zurück, als alle Gespräche gut und ermutigend waren. Überlegen Sie dann, wie es heute ist. Vielleicht sagen Sie dem Partner nicht mehr so häufig, daß er gut aussieht, oder Sie geben nicht mehr genug Ermutigung, wenn Sie darum gebeten werden. Vielleicht spüren Sie, daß Sie emotional auf der Stelle treten, und Ihrem Partner ergeht es nicht anders.

Es mag viele Gründe geben, warum sich Ihre Gespräche negativ entwickelt haben. Doch einer der Hauptgründe könnte darin liegen, wie Sie miteinander reden. Wenn sich ein Partner gekränkt oder gedemütigt fühlt, setzt ein Selbstverteidigungsmechanismus in Form weiterer Kränkungen ein, der den Machtkampf schließlich eskalieren läßt. Das alles deutet darauf hin, daß Sie Ihrem Partner helfen müssen, sich besser zu fühlen, wenn auch Sie sich besser fühlen wollen.

Wichtige Grundsätze

Es ist erstaunlich, wie sprachlos Männer und Frauen werden, wenn sie sich erst einmal in einer Beziehung eingerichtet haben. Der einfache, aber so wichtige Satz »Ich liebe dich« kommt ihnen nicht mehr so leicht über die Lippen. Man sollte eigentlich mindestens dreimal pro Woche üben »Ich liebe dich« zu sagen und alles tun, um diese Worte durch Handlungen zu bekräftigen. Das trägt dazu bei, daß sich der andere als etwas Besonderes empfindet und sich in der Beziehung sicher fühlt. Wichtig ist auch, daß man sich Zeit für Gespräche nimmt. Wenn man erschöpft von der Arbeit nach Hause kommt, fernsieht oder beim Kochen ist und der andere seine Gefühle äußert, ist das der Kommunikation nicht gerade förderlich. Es führt eher dazu, daß der Partner noch weniger reagiert.

VERBALE EINSCHÜCHTERUNG

Angenommen, Sie empfinden noch Respekt für Ihren Partner, dann sollten Sie überlegen, warum Sie dies nicht in der Kommunikation zeigen. Wenn Sie der Meinung sind, daß Ihr Partner Ihnen wirklich gleichberechtigt ist, dann müssen Sie seine Gefühle respektieren. Vielleicht sagen Sie ihm ständig, was oder wie er etwas tun sollte. Haben Sie schon einmal darüber nachgedacht, daß Ihre wohlmeinenden Ratschläge als ständige Kritik empfunden werden könnten? Sie können ruhig weiter Hilfe anbieten, aber Sie sollten bedenken, *wie* Sie dies tun. Beim Versuch, Macht auszuüben, beginnen Sie, herablassend mit Ihrem Partner zu reden, ihn wie ein Kind, ja sogar wie einen Untergebenen zu behandeln. Dem so Behandelten fällt es sehr schwer, wie ein gleichberechtigter Partner zu reagieren.

Eine weitere Möglichkeit, seinem Partner Respekt zu zeigen, besteht darin, ihm die Chance zu geben, frei seine Meinung zu äußern. Häufig macht es sich ein Partner zur Gewohnheit, für den anderen zu antworten oder sogar Sätze für ihn zu vollenden. Das gibt dem Sprechenden das Gefühl, Kontrolle über den anderen zu haben. Der Partner kommt sich dabei wahrscheinlich vor als sei er Luft und ist bisweilen nicht einmal in der Lage, eine ehrliche und vollständige Antwort zu geben. Das Selbstbewußtsein Ihres Partners kann gesteigert werden, wenn Sie sich zurückhalten (selbst wenn er um Worte ringen muß). Der betroffene Partner selbst kann ebenfalls zu einer Verbesserung der Situation beitragen, indem er den Redefluß des anderen bewußt unterbricht, die Hand hebt und Einhalt gebietet. Er könnte dann sagen: »Darf ich jetzt einmal etwas sagen?« und weiterfragen, bis die Antwort ja lautet. Funktioniert das nicht, könnte er einen Gegenstand – beispielsweise die Autoschlüssel – hochhalten und damit signalisieren, daß der andere solange schweigen muß *(siehe Seite 84)*.

SCHWEIGEN

Schweigen ist oft eine Methode, um heikle Probleme nicht ansprechen zu müssen. Damit sich ein Partner offen und vertrauensvoll äußert, muß er sich sicher sein, daß die Diskussion bestimmter Themen nicht zu emotionalen Auseinandersetzungen führt. Es ist sehr wichtig, daß man sich genau an solche Abmachungen hält und Konfrontation vermieden wird. Wurde das Vertrauen erst einmal gebrochen, ist es sehr schwer, es wiederzugewinnen. Machen Sie also keine leeren Versprechungen.

KINDHEITS-ERFAHRUNGEN
Ein Partner, der eine Unterhaltung ständig beherrscht, setzt möglicherweise einen Verteidigungsmechanismus aus der Kindheit ein. In großen Familien kommt es oft vor, daß einem niemand Gehör schenkt, wenn man nicht die ganze Zeit über redet. Dies war bei Julio der Fall, der nicht zuhören konnte und seine Ehe in Gefahr brachte, weil er seine Frau Maria kaum zu Wort kommen ließ (siehe Seite 62–65).

KOMMUNIZIEREN LERNEN

STÄNDIGES UNTERBRECHEN

Manche Menschen können es einfach nicht unterlassen, für ihren Partner zu sprechen. Julio tat dies nicht nur während der Eheberatung, sondern auch zu Hause im Bett! Aus diesem Grund war seine Frau Maria schließlich in den Streik getreten.

Wenn Maria die Schlüssel hochhielt, mußte Julio ihr die Möglichkeit zum Sprechen geben

Maria fühlte sich wie ein Nichts, wenn Julio ständig für sie antwortete

ZUSAMMENBRUCH DER KOMMUNIKATION

In unserer ersten Sitzung erwies es sich als schwierig, Maria auch nur einen Satz zu entlocken, und zwar nicht, weil sie nicht sprechen wollte, sondern weil ihr Mann Julio sie ständig unterbrach. Schließlich gab ich Maria meinen Schlüsselbund, den sie hochhalten sollte, wenn Julio schweigen sollte, damit sie etwas sagen konnte. Als Maria endlich die Chance bekam, sich zu äußern, erzählte sie mir, daß sie Julio zu Anfang ihrer Beziehung sehr bewundert hatte. Sie beschrieb ein erfülltes Sexualleben, erklärte dann aber, daß sie jetzt sehr unglücklich sei und damit gedroht habe, eine Abtreibung vornehmen zu lassen (sie war gerade schwanger geworden). »Ich möchte ein Baby haben«, erläuterte sie, »aber ich bin mir nicht sicher, ob ich es gerade jetzt will. Julio hat mir die Entscheidung abgenommen. Ich habe die Pille abgesetzt, und er wollte keine Kondome benutzen.«

STÄNDIGES UNTERBRECHEN

Verbale Einschüchterung kann einen Keil zwischen ein Paar treiben

WUT

Maria beklagte sich, daß es sehr schwierig für sie sei, Julio ihre Gefühle zu erklären, da er immer für sie sprach. Es war ihr sehr peinlich zu beschreiben, wie ihr Sexualleben praktisch zum Stillstand gekommen war. »Ich finde ihn immer noch attraktiv«, sagte sie, »aber ich bin so wütend, daß ich seine Nähe nicht ertragen kann.«

ANMERKUNGEN ZUM FALL

MARIA UND JULIO

Julio fiel es zu Anfang sehr schwer, Maria die Möglichkeit zu geben, sich zu äußern. Glücklicherweise gab er sich aus Liebe zu ihr alle Mühe.

Benimmregeln für Gespräche

Mit Hilfe von zwei Übungen, die auf Seite 84 beschrieben werden (»Darf ich?« und die Schlüsselübung), begann das Paar, sich mit seiner unausgewogenen Kommunikation auseinanderzusetzen. Die erste Übung, bei der Julio zu Beginn eines Gesprächs bewußt »Darf ich?« sagen mußte, war besonders hilfreich, weil er so gezwungen wurde, seine Worte zu überdenken, bevor er redete, und Maria die Möglichkeit bekam, seinen verbalen Vormarsch zu stoppen.

Bei der Schlüsselübung hatte Maria ein Werkzeug, mit dem sie Julio zum Schweigen bringen konnte – sie hielt einen Schlüsselbund hoch, wenn sie reden wollte, und konnte damit ihre Gespräche steuern. So gelang es ihr, ihre Wut auf Julio zu überwinden und wieder eine liebevolle Beziehung zu ihm aufzunehmen.

LEBENSVERÄNDERUNGEN

»Manchmal zucke ich schon zusammen, wenn er nur meine Hand halten will«, offenbarte sie. »Ich bin viel mit meinen Freundinnen zusammen, da Julio häufig unterwegs ist, und wenn er zu Hause ist, redet er die ganze Zeit und bemerkt mich kaum. Er antwortet sogar im Bett für mich.« Wenn er sie etwas fragte, gab er gleich die Antwort. Daher bezweifelte Maria, ob es klug war, jetzt ein Kind zu bekommen.

63

Sich abwechseln

Als Maria die Möglichkeit dazu bekam, konnte sie ihre Ängste hinsichtlich ihrer Beziehung zu Julio äußern. Obwohl dies anfänglich für beide schmerzhaft war, verstärkte diese Offenheit und die dabei zu Tage tretenden Wahrheiten ihre Gefühle füreinander, da Marias Worte direkte Auswirkungen auf Julios Handeln hatten.

Julio war am Boden zerstört, als er hörte, wie Maria über ihre Schwangerschaft dachte

EINE SCHOCKIERENDE ERÖFFNUNG
Julio berichtete, daß er aus einer italienischen Großfamilie stamme, in der alle von Kindesbeinen an ständig redeten, weil man sich nur so Gehör verschaffen konnte. Er betonte immer wieder, daß er Maria liebe und sich danach sehne, eine Familie zu gründen. Er wurde blaß vor Angst, als Maria erklärte, sie habe das Gefühl, er habe ihr die Schwangerschaft genau wie seine Worte aufgezwungen. Als er dies hörte, umarmte Julio seine Frau – die Eröffnung hatte ihn so sehr schockiert, daß er keinen Ton herausbrachte.

Julio schwor, sein selbstsüchtiges Verhalten für immer abzulegen

SICH ABWECHSELN

ZEIT ZUM SPRECHEN

In der Beratung erwies sich die Schlüsselübung (siehe Seite 84) als wertvolles Mittel, um Julio daran zu hindern, seine Frau ständig zu unterbrechen, und ihr die nötige Zeit zu geben, etwas zu sagen. Dies war notwendig, weil Maria dazu neigte, ihre Worte sehr sorgfältig zu wählen, aber eine Weile brauchte, um ihre Gedanken zu ordnen. Es waren intelligente Gedanken, die es verdienten, angehört zu werden.

EINE NEUE EINSTELLUNG

Alarmiert durch den Schaden, den er angerichtet hatte, bemühte sich Julio, die Einstellung zu seiner Frau zu ändern. Er änderte auch seine Arbeitszeit und verließ das Haus früher, um abends eher nach Hause zu kommen. Maria wiederum schloß einige neue Freundschaften. Obwohl sie keine offizielle Entscheidung trafen, war Maria sehr erleichtert, als sie erkannte, wie sehr Julio sich bemühte. Schließlich konnte sie sogar ihre Schwangerschaft genießen.

Als ihre Probleme gelöst waren, konnte Maria die Schwangerschaft genießen

ZUHÖREN

Genau wie das Reden ist auch das Zuhören wichtig für gelungenes Kommunizieren. Um ein guter Zuhörer zu sein, muß man sich bewußt machen, daß Zuhören nicht nur bedeutet, die Worte des anderen zu hören – man muß sich auf den Sprechenden und auf das, was er sagt, konzentrieren und verbal und durch die Körpersprache signalisieren, daß man zuhört, so daß der Partner ermutigt wird, weiterzusprechen.

ERMUTIGT DEN SPRECHER

POSITIVES FEEDBACK
z. B. Verständnis oder Sympathie

SPRECHER — Gedanken und Gefühle — **ZUHÖRER**

NEGATIVES FEEDBACK
z. B. Gleichgültigkeit oder Feindseligkeit

ENTMUTIGT DEN SPRECHER

FEEDBACK DES ZUHÖRERS
Die Reaktionen auf die Worte des Sprechenden haben eine starke Wirkung. Negatives Feedback ist entmutigend, positives Feedback unterstützt und ermutigt.

Am unbefriedigendsten sind einseitige Gespräche, in denen der eine Partner dem anderen nicht zuhört und sich weigert, ihm in die Augen zu schauen oder irgendwie anzuerkennen, daß der andere spricht. Solches Verhalten wird den anderen mit Sicherheit in Wut versetzen, weil der unaufmerksame Partner das Wichtigste beim Zuhören ignoriert: Konzentration und gutes Feedback.

KONZENTRATION

Um klar zu zeigen, daß man zuhört, muß man wirklich zuhören. Dabei ist Konzentration sehr wichtig. Wenn Sie eigenen Gedanken nachhängen, vergeuden Sie sowohl die Zeit Ihres Partners als auch die eigene. Eines der effektivsten Hilfsmittel beim richtigen Zuhören besteht darin, die eigenen Gefühle und Gedanken für eine Weile auszuschalten. Sich auf das Gesicht des sprechenden Partners zu konzentrieren, bedeutet nicht, ihn anzustarren und damit möglicherweise einzuschüchtern, doch wenn man zu lange wegsieht, wird er das Gefühl haben, daß man ihm keine Aufmerksamkeit mehr schenkt. Die Kunst besteht darin, das richtige Maß an Augenkontakt zu halten. Wenn Ihr Partner etwas loswerden muß, sollten Sie ihm Ihre ungeteilte Aufmerksamkeit schenken. Falls Sie gerade fernsehen, schalten Sie das Gerät aus. Wenn Sie lesen, legen Sie das Buch beiseite und spielen nicht damit herum, solange Ihr Partner redet. Wenn Sie weiter in dem Buch herumblättern, könnte Ihr Partner den Eindruck gewinnen, daß Sie das Gespräch als unerwünschte Unterbrechung empfinden. Sie sollten einander möglichst auf gleicher Höhe gegenübersitzen, so daß Sie beide das Gefühl haben, zu gleichen Bedingungen miteinander zu kommunizieren. Nehmen Sie eine offene Haltung ein – verschränken Sie beispielsweise nicht die Arme vor der Brust –, achten Sie darauf, daß Sie sich nicht umdrehen müssen, um Ihrem Partner ins Gesicht zu sehen, und daß sich keine Barriere – beispielsweise ein Möbelstück – zwischen Ihnen befindet. Die Wahl des richtigen Zeitpunktes ist

Die Fähigkeit, richtig zuhören zu können, ist ein wesentlicher Teil der Kommunikation und eine Kunst, die zu erlernen sich lohnt.

ebenfalls wichtig. Vielleicht sind Sie versucht, das Gespräch auf einen Zeitpunkt zu verschieben, wenn Sie Lust zu reden haben. Allerdings sollten Sie beide versuchen, Diskussionen nicht auf den späten Abend zu vertagen. Das Bett ist schon gar nicht der geeignete Ort, da das Bedürfnis nach Schlaf als Entschuldigung eingesetzt werden kann, um einer Diskussion aus dem Weg zu gehen. Außerdem bekommt man allzu leicht falsche Eindrücke und interpretiert das Gesagte falsch, wenn man im Dunkeln liegt und den Gesprächspartner nicht sehen kann.

FEEDBACK GEBEN

Es kann sehr störend sein, wenn derjenige, mit dem Sie zu kommunizieren versuchen, in seiner Mimik oder Gestik keinerlei Hinweis gibt, ob er Ihre Worte registriert oder Ihnen überhaupt zugehört hat. Um sicherzugehen, daß dies nicht geschieht, wenn Ihr Partner redet, sollten Sie durch Ihren Gesichtsausdruck signalisieren, daß Sie ihm zuhören, und ihn mit einem Nicken oder zustimmenden Worten ermutigen.

Es ist sehr wichtig, daß Ihr Partner die Möglichkeit hat, alles zu sagen, was er auf dem Herzen hat. Dabei dürfen Sie ihn nicht unterbrechen, auch wenn Sie vielleicht meinen, seine Sicht der Ereignisse sei falsch. Sie bekommen später noch Ihre Chance zu reden. Wenn Sie das Gefühl haben, Sie müßten unbedingt etwas dazu sagen, machen Sie sich eine Notiz und bringen diesen Punkt später noch einmal zur Sprache. Viele Menschen beginnen mit kleinen Ärgernissen und kommen erst dann auf das eigentliche Problem zu sprechen. Wenn Sie nun aber auf jeden Punkt etwas entgegnen, können Sie wertvolle Zeit mit Dingen verschwenden, die für Sie beide nicht von Bedeutung sind, ohne überhaupt je zum Hauptproblem vorzudringen. Um über etwas diskutieren zu können, müssen Sie außerdem sicher sein, daß Sie genau verstanden haben, was Ihr Partner gesagt hat. Wiederholen Sie in einer kurzen Zusammenfassung, was er Ihrer Meinung nach gesagt hat und ermöglichen Sie es ihm, Unklarheiten oder Mißverständnisse auszuräumen.

PROBLEME

Tun Sie die Klagen Ihres Partners nicht einfach ab. Sie sind zwei verschiedene Menschen, die in vielem anders denken und fühlen. Die Ansichten des anderen sind genauso gültig wie die Ihren. Wenn Sie aufgrund Ihrer Kindheitserfahrung meinen, die Gefühle Ihres Partners seien ein Angriff auf Sie, der darauf abzielt, Ihnen ein Gefühl von Minderwertigkeit zu vermitteln oder zu beweisen, daß Sie unrecht haben, sollten Sie noch einmal darüber nachdenken. Führen Sie sich vor Augen, daß Ihr Partner eine eigene Persönlichkeit hat und daß sein Bedürfnis, tiefe Gefühle auszudrücken, nicht dem widerspricht, daß er Sie sehr mag. Zuhören ist kein passiver Prozeß!

ZUSAMMENBRUCH DER KOMMUNIKATION
Ein Zusammenbruch der Kommunikation, der eintritt, wenn ein Partner dem anderen nicht mehr zuhört, kann eine Beziehung unerträglich belasten, wie Klaus und Tina erfahren mußten (siehe Seite 68–71).

KOMMUNIZIEREN LERNEN

EINSEITIGE GESPRÄCHE

Es kann sehr schmerzlich sein, wenn Ihr Partner Ihnen nicht zuhört, besonders dann, wenn Sie beispielsweise nur um eine so einfache Geste wie einen Kuß auf den Mund bitten. Als Tina dies wiederholt erlebte, kam ihr der Verdacht, daß dies ein Symptom für ein tieferliegendes Problem sein könne.

DAS BEDÜRFNIS NACH EINEM KUSS

Bei manchen Menschen löst schon ein Kuß auf den Mund weitere sexuelle Reaktionen aus. Tina war unglücklich, weil ihr Mann Klaus ihr diese sinnliche Erfahrung verweigerte. Sie berichtete, daß er sie vor ihrer Heirat förmlich mit Küssen überhäuft hatte. »Damals, als wir noch nicht miteinander schliefen, küßte er mich auf den Mund, bis mir vor Erregung ganz schwindlig war. Aber später hörte er damit auf. Er küßt meinen Nacken, aber das ist einfach nicht dasselbe.«

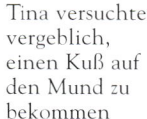

Tina versuchte vergeblich, einen Kuß auf den Mund zu bekommen

Klaus küßte Tina überallhin, nur nicht auf den Mund

VERÄNDERTES VERHALTEN

»Heute schlafen wir nicht mehr so oft miteinander, und ich bin selten befriedigt«, fuhr Tina fort. »Ich bitte ihn immer darum, mich häufiger zu küssen, wenn wir uns lieben, aber er ignoriert meine Bitte, und dann werde ich wütend.« Es war schwierig, Klaus' verändertes Verhalten zu verstehen, denn sonst schien es keine größeren Probleme zu geben.

EINSEITIGE GESPRÄCHE

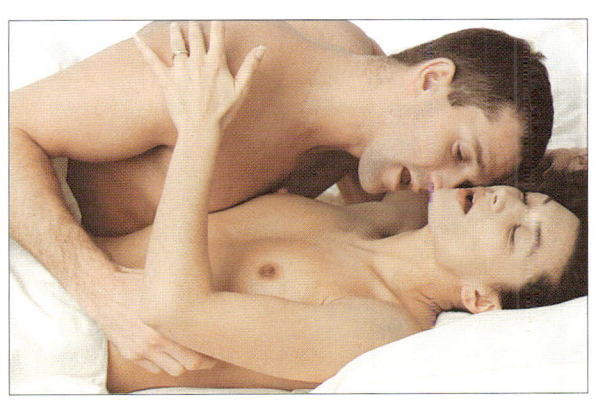

VERWEIGERUNG

»Ich bin nur zögernd zur Beratung gekommen«, gab Klaus zu. »Tina übertreibt immer. Unser Sexualleben ist eigentlich ganz in Ordnung. Wenn Tina Schwierigkeiten hat, zum Höhepunkt zu kommen, befriedige ich sie mit der Hand. Ich scheine von hysterischen Frauen umgeben zu sein. Wenn es nicht Tina ist, dann ist es ihre Schwester oder meine Mutter.«

STEIGERUNG DER INTIMITÄT DURCH MASSAGE

Wenn jemand bestreitet, daß ein Problem überhaupt existiert, liegt das normalerweise daran, daß er Angst hat, sich damit auseinanderzusetzen. In vielen Fällen müssen Menschen wie Klaus erst Vertrauen zu anderen fassen, bevor sie sich öffnen. Tina überlegte, wann Klaus sich in ihrer Beziehung besonders sicher fühlte, und kam zu dem Schluß, daß das dann der Fall war, wenn sie etwas für ihn tat und ihn beispielsweise mit einer ausgiebigen Massage überraschte. Sie beschloß deshalb, dies häufiger zu tun.

Wenn Tina ihren Mann massierte, fühlte sie sich ihm sehr viel näher

Nach einer ausgiebigen Massage fühlte sich Klaus vollkommen entspannt

KOMMUNIZIEREN LERNEN

Zuhören lernen

Als Klaus sich klarmachte, daß Tinas Klagen begründet waren, und er lernte, ihr richtig zuzuhören, entdeckte er von neuem, wie sehr er sie eigentlich liebte und wie wohl er sich in ihrer Gegenwart fühlte. Ihr Sexualleben – und ihre Beziehung insgesamt – begann, sich zu bessern.

EINE SCHWIERIGE MUTTER
Klaus' scheinbare Unfähigkeit, warmherzige Gefühle zu äußern, ging hauptsächlich auf die Beziehung zu seiner Mutter zurück. Sie war eine schwierige Frau, die ständig seine Aufmerksamkeit forderte und ihm nie zuhörte. Seltsamerweise behandelte er seine Frau nun genauso. Als Tina ihren Mann bat, sie zu küssen, weigerte er sich, so daß sie in Tränen ausbrach. Doch als er erkannte, daß er sie mit seiner Mutter verglich, war dies ein Durchbruch.

ZUNEIGUNG ZU SCHÄTZEN WISSEN
Obwohl beide Frauen ganz verschiedene Menschen waren, hatte Klaus seine Frau mit seiner Mutter in einen Topf geworfen. Doch als er all die positiven Seiten, seiner Frau aufzählte, machte Tina einige sehr anerkennende Bemerkungen über ihn. Dafür überraschte er sie mit einem Kuß.

Klaus hatte jetzt keine Probleme mehr damit, Tina überall dorthin zu küssen, wo sie es sich wünschte

ZUHÖREN LERNEN

KOMMUNIZIEREN LERNEN

Mit Hilfe der dreistufigen Kommunikationsübung (*siehe Seite 84*) konnte Klaus' tiefsitzendes Problem mit dem Zuhören gelöst werden. So konnten er und Tina sich sicher sein, daß der andere wirklich zuhörte, wenn einer von ihnen etwas sagte.

EIN ABSOLUTER FORTSCHRITT

Ein paar Monate später war die Atmosphäre in ihrer Beziehung nach einiger harter Arbeit und mit Hilfe dieser Übung viel wärmer geworden. Klaus war nun nicht mehr der Meinung, Tina sei zu anspruchsvoll. Die beiden liebten sich wieder wie in alten Zeiten, und Tina bekam die gewünschten Küsse!

ANMERKUNGEN ZUM FALL

KLAUS UND TINA

Klaus' und Tinas Problem bestand darin, daß sich Tina abgelehnt fühlte, während Klaus der Meinung war, es sei alles in Ordnung und Tina übertreibe einfach nur. Doch als er erkannte, daß seine Frau ihm wirklich zuhörte, verbesserte sich ihr Liebesleben. Tina fiel es schwer, sich mit dem Gefühl abzufinden, daß ihr Mann die intime Nähe zu ihr nicht mehr wollte. Deshalb war sie erleichtert, als sie feststellte, daß das Problem eine ganz andere Ursache hatte.

Klaus hatte die Kommunikationsschwierigkeiten, die er mit seiner Mutter hatte, unbewußt auf alle Frauen seiner Familie – seine Frau, ihre Schwester und seine Mutter – übertragen.

Kommunikationsübungen

Durch die dreistufige Kommunikationsübung, die auf Seite 84 erläutert wird, konnten Klaus und Tina einander wieder richtig zuhören. Mit ihrer Hilfe lernte Klaus, tatsächlich zu hören, was Tina sagte, und positiv darauf zu reagieren, statt sich davon irritieren zu lassen, daß sie redete. So konnte er Tina wieder den Respekt entgegenbringen, den sie sich wünschte, und ihr unerfülltes körperliches Bedürfnis erfüllen, nämlich den Wunsch, geküßt zu werden.

Tina ihrerseits hatte nun das Gefühl, daß ihre Worte wirklich zu ihrem Mann vordrangen und daß er verstand, was sie sagte.

VERHANDELN

Bei jedem Gespräch braucht man gute Sprecher und gute Zuhörer. Diese Situation ändert sich, wenn sich ein Gespräch zu einer Diskussion entwickelt, denn dann kommt man möglicherweise an einen Punkt, an dem von allen Beteiligten eine Einigung erzielt werden muß. Wenn sich die Diskussion um etwas so Persönliches wie intime Gefühle dreht, müssen beide Parteien erkennen, wie wichtig Verhandlungen sind.

Gespräche, bei denen man etwas lernt, sind meist besonders befriedigend. Die gemeinsame Auseinandersetzung mit einer Sache kann manchmal in der beglückenden Erkenntnis münden, daß man sich jetzt noch besser versteht. Es spielt dabei keine Rolle, ob es vielleicht nur um ganz alltägliche Dinge geht – die Übereinstimmung zwischen zwei Menschen ist einfach etwas Wunderbares. Leider ist die Gefahr groß, daß ein Paar, das bereits fünf, zehn oder zwanzig Jahre zusammen ist, feste Gewohnheiten angenommen hat, die zwar für beide bequem und beruhigend, aber auch langweilig sind. Häufig wirkt sich das auch darauf aus, wie das Paar miteinander redet, da beide an bestimmten Kommunikationsmustern festhalten, an die sie sich gewöhnt haben. Das kann zu Problemen führen, wenn es darum geht, Meinungsverschiedenheiten zu beseitigen.

Um Fortschritte in einer Beziehung zu erzielen, muß man das für Verhandlungen wichtige Geben und Nehmen lernen.

GEFÜHLE MITTEILEN
Nicht selten läßt es einer der Partner – oder auch beide – zu, daß Gefühle wie Vertrauen, Fürsorge und Respekt, die der Betreffende eigentlich für den Partner empfindet, durch negative Gefühle wie Frustration, Enttäuschung oder Wut beeinträchtigt werden. Vielfach verwandelt ein vorübergehender Ausbruch ein Gespräch in einen Streit. In der Hitze des Gefechts vergißt man sehr leicht, wie man positiv miteinander kommuniziert. Dann ist es wichtig, einen Moment innezuhalten und sich auf seine wahren Gefühle zu konzentrieren.

DER WERT EINES KOMPROMISSES
Zu Beginn einer Liebesbeziehung können sogar Meinungsverschiedenheiten erfrischend sein. Wahrscheinlich haben Sie sich unabhängig genug gefühlt, um solche Unterschiede zuzugestehen, ohne sich persönlich bedroht zu fühlen. Und vielleicht hat das sogar dazu beigetragen, daß Sie die eigenen Gefühle frei geäußert und Ihren Partner noch besser kennengelernt haben. Sie waren offen für die Ansichten des

ZUSAMMENARBEITEN
Wenn Sie beschließen, auf eine Lösung hinzuarbeiten, bedeutet das nicht, daß einer der Partner dem anderen einfach nur recht gibt. Das würde dem Betroffenen nur das Gefühl vermitteln, im Unrecht zu sein, so daß er wahrscheinlich bei anderer Gelegenheit zurückschlagen wird. Beide Partner müssen akzeptieren, daß sich jeder von ihnen etwas ändern muß.

Partners, und möglicherweise haben Sie dadurch sogar die Ihren geändert. Vielleicht sind Sie bezüglich Ihrer Ansichten und Verhaltensmuster Kompromisse eingegangen, weil Ihnen dies angesichts der »Belohnung« – die Liebe Ihres Partners – praktisch und vernünftig erschien. Und so hat sich das Zusammenleben – zumindest am Anfang – wahrscheinlich sehr angenehm gestaltet.

BEIM AUSTAUSCHEN LERNEN

Bei einer Meinungsverschiedenheit bleibt die Rollenverteilung – Sprecher und Zuhörer – zwar gleich, aber der Dialog führt nicht zum Austauschen und Lernen, jedenfalls nicht so, wie Sie es bisher gewohnt waren. Um diese unproduktive Situation zu beenden, müssen zusätzliche Elemente wie Verhandlung und Kompromiß eingesetzt werden. Es hat keinen Zweck, weiter über bestimmte Schwierigkeiten zu reden, wenn keine wirksame Lösung vorgeschlagen wird. Ein Streit kann die Luft reinigen, aber wenn Probleme nicht gelöst werden, dauert es nicht lange, bis sich der nächste Sturm zusammenbraut.

REALISTISCHE VEREINBARUNGEN

Haben Sie erst einmal eine Vereinbarung getroffen, hat es keinen Zweck, unrealistische Vorschläge und Versprechungen zu machen oder Forderungen vorzubringen. Eine wirksame Lösung besteht darin, in bestimmten, für Sie noch akzeptablen Punkten nachzugeben. Nehmen wir beispielsweise einen Mann, dessen Partnerin eifersüchtig und unsicher ist und sich vom Leben ausgeschlossen fühlt. Es wäre nicht weiter schwer für ihn, ihr zu versprechen, daß er sie völlig in sein Leben integrieren wird, aber es wäre fast unmöglich, dieses Versprechen tatsächlich zu halten. Seine Zusagen müssen also auch durchführbar sein. Er sollte seiner Partnerin versichern, daß er ihre Ängste ernst nimmt, und Verhaltensänderungen anbieten, die ihr ihre Ängste nehmen könnten. Er könnte beispielsweise sagen, daß er Freundschaften außerhalb der Ehe weiterhin pflegen wird, aber er könnte vereinbaren, mehr Zeit mit seiner Frau zu verbringen und sich stärker darum bemühen, ihr zu zeigen, welche Gefühle er für sie hat. So behält er seine Unabhängigkeit und gibt ihr mehr Selbstbewußtsein.

VERHANDLUNGSBEREITSCHAFT

Um eine Verhandlung positiv anzugehen, sollte in der Klage gleichzeitig Verständnis für den Partner anklingen. Nachgeben darf nicht als symbolische Geste betrachtet werden. In einer Verhandlung sollte man den Willen zeigen, einen echten Kompromiß zu erreichen, ohne daß dabei der Grund der Klage unter den Tisch gekehrt wird. Denn welchen Zweck hat es, sich überhaupt zu beklagen, wenn man nachgibt, bevor man überhaupt angefangen hat?

GEBEN UND NEHMEN
Sowohl Kompromiß als auch Verhandlung basieren auf dem Prinzip, daß man geben muß, um etwas zu empfangen. Wenn Sie sich bemühen, die Bedürfnisse Ihres Partners zu erfüllen, wird er bestimmt auch den Ihren mit mehr Wärme und Liebe begegnen. Auch wenn Sie nur wenig anbieten, werden sich Ihre Gefühle füreinander mehr und mehr verbessern.

EINE PAUSE VOM SEX
Diana (siehe Seite 74–77) mußte mit ihrem Mann Bernd aushandeln, eine Sexpause einzulegen, als sie für ihre Prüfungen lernte.

KOMMUNIZIEREN LERNEN

EINE PAUSE VOM SEX

Wenn wir jung sind, leben wir unser Leben spontan. Wenn der Partner – aus welchem Grund auch immer – Sex verweigert, hat man wahrscheinlich das Gefühl, unmöglich ohne auszukommen. Obwohl Bernd wußte, daß Diana später wieder Zeit für ihn haben würde, konnte er mit ihrer Weigerung im jetzigen Augenblick nicht fertig werden.

KEINE KONZENTRATION

Bernd und Diana, die früher einmal Probleme mit ihren unterschiedlichen sexuellen Erwartungen gehabt hatten *(siehe Seite 22–25)*, kamen mit einem neuen Problem zu ihrem Therapeuten. Diana hatte ihr Studium wieder aufgenommen und machte sich Sorgen wegen der anstehenden Prüfungen – in der Prüfungszeit hat man bekanntlich häufiger schlechte Laune, wird von Angstattacken, Depressionen und Zwangsvorstellungen geplagt. Diana und Bernd hatten bisher ein aktives Sexualleben, doch plötzlich hatte Diana das Interesse verloren. »Ich kann mich einfach nicht konzentrieren, wenn Bernd in meiner Nähe ist«, erklärte sie.

Ich empfahl, daß beide sich selbst stimulieren und dabei den Partner in ihrer Phantasie mit einbeziehen sollten

Da Diana sehr von ihren Prüfungen beansprucht war, verlor sie das Interesse am Sex

EINE PAUSE VOM SEX

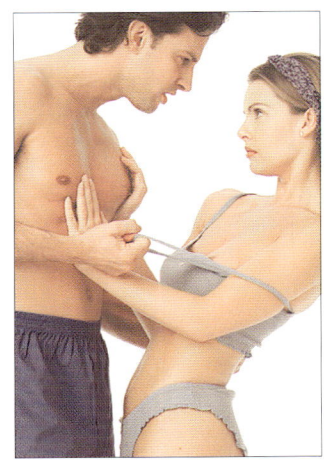

WUT

»Ich muß diese Prüfungen schaffen und ich habe nur noch acht Wochen Zeit zum Lernen, aber Bernd führt sich auf wie ein Idiot«, berichtete Diana. »Sex ist etwas Tolles, aber seine Laune ist einfach unerträglich und ein echtes Problem.«

Bernd verstand Diana nicht und wies ihre Anschuldigungen zurück. »Sie lehnt mich einfach ab. Eine achtwöchige Pause scheint mir ziemlich übertrieben, aber vielleicht will sie mir damit etwas ganz anderes sagen.«

SELBSTSTIMULIERUNG

Die tatsächliche Ursache des Problems aufzudecken, war für ihre Beziehung wichtig, aber wegen Dianas bevorstehendem Prüfungstermin durfte die Beratung nicht zu lange dauern. Diana sah die Ursache in den Prüfungen. Um ihr sexuelles Verlangen wenigstens etwas zu befriedigen, stimulierten sich beide selbst und versuchten dabei, den anderen in ihrer Phantasie mit einzubeziehen.

ANMERKUNGEN ZUM FALL

BERND UND DIANA

Diana konnte durch die Sexpause in einer sehr streßreichen Zeit ihre Ruhe bewahren. Sie schien ganz rationale Gründe dafür zu haben, die körperliche Seite ihrer Beziehung zu Bernd etwas abkühlen zu lassen. Ihr Ehemann vermutete hinter ihrer Kühle allerdings etwas Schlimmeres. Zwischen beiden war eine große emotionale Barriere entstanden, die nur niedergerissen werden konnte, wenn sie erkannten, daß die Sexualität für sie eine verworrene Bedeutung angenommen hatte und sie einen Kompromiß eingingen (siehe Seite 84).

Als Diana einen Kompromiß anbot – liebevolle Küsse und Umarmungen, aber kein Sex –, konnte sich Bernd ohne weiteres damit abfinden und Dianas Situation viel rationaler und verständnisvoller sehen.

Die Lücke in ihrer Beziehung, die durch Dianas Lerneifer entstand, wurde durch liebevolle Intimität ohne Sex gefüllt, und beide konnten ihr Sexualleben später wieder genießen.

Heiß und kalt (Übung)

Durch Dianas Kühle fühlte sich Bernd abgewiesen und verletzt, so daß er darauf mit Wut reagierte. Es war daher sehr wichtig für ihn einzusehen, daß sich seine Wutanfälle negativ auf die Beziehung auswirkten. »Heiß und kalt«, eine auf Seite 84 beschriebene Übung, kann eingesetzt werden, um zu erkennen, wie extrem Gefühle wie Wut und Distanz oder Wärme und Nähe für den Partner und den Betroffenen selbst sind. Diese Übung machte Bernd eindrucksvoll klar, welchen Schaden seine Wut im emotionalen Bereich angerichtet hatte und wie kalt und schwierig die Gefühle zu seiner Frau dadurch geworden waren.

Kompromisse eingehen

Die Sexpause konnten Bernd und Diana nutzen, um die Verhandlungen über den toten Punkt, an dem sie angelangt waren, ruhig und vernünftig anzugehen. So fiel es Ihnen leichter, einen Kompromiß einzugehen, der für beide akzeptabel und durchführbar war.

Bernd reagierte auf die Ergebnisse der »Heiß und kalt«-Übung mit aufrichtigen Gefühlen

DEN TOTEN PUNKT ÜBERWINDEN
Bernd hatte große Angst, daß das Problem sie ein für allemal entzweien würde. Um dem entgegenzuwirken, mußte das Paar den toten Punkt überwinden, indem es lernte, zu verhandeln und die gegenseitigen Ängste anzuerkennen. Zuerst setzten sie sich mit Bernds Ängsten auseinander, und Diana gestand ihm einige liebevolle Umarmungen und Küsse zu, obwohl Sex noch immer völlig außer Frage stand.

DER KOMPROMISS
Als nächstes mußte Bernd erkennen, daß es hilfreich ist, zu geben, wenn man empfangen will. Zögernd stimmte er Dianas Bitte zu, keinen Geschlechtsverkehr zu haben. Es war etwas völlig Neues für ihn, einen Kompromiß einzugehen, und die »Heiß und Kalt«-Übung *(siehe Seite 84)* half ihm zu erkennen, wieviel er damit erreichte. Als ihm dabei bewußt wurde, wie wütend er war, schämte er sich dafür. Er setzte sich zu Diana und umarmte sie.

KOMPROMISSE EINGEHEN

Als ihre Prüfungen vorüber waren, kehrte Dianas Freude am Sex sofort wieder zurück

SELBSTDISZIPLIN

Das Paar wurde durch die Idee ermutigt, das Ende von Dianas Prüfungen mit einem besonderen Liebesfest zu feiern. Beide betrachteten die achtwöchige Wartezeit bis zu diesem Zeitpunkt als eine Art tantrische Selbstdisziplin – ein Hinauszögern der Befriedigung, für das sie schließlich mit einer aufregenden Liebesnacht belohnt werden sollten.

IN DIE ZUKUNFT BLICKEN

Durch den vorübergehenden Verzicht wußten Bernd und Diana das Liebesspiel anschließend viel mehr zu schätzen. Für Bernd war dies eine besonders befriedigende Erfahrung, und für Diana war das Ereignis in zweifacher Hinsicht erfreulich – einmal sexuell und zum anderen wegen der bestandenen Prüfungen –, so daß ihre Gefühle für Bernd besondere Bedeutung hatten. Mit dem wiederaufgenommenen Liebesspiel leiteten sie ein neues Kapitel in ihrem gemeinsamen Leben ein.

Handeln

Wenn Sie ein Problem mit Ihrem Partner diskutiert und eine Lösung ausgehandelt haben, müssen Sie bereit sein, die vereinbarten Maßnahmen auszuführen, selbst wenn Sie es sich in der Zwischenzeit anders überlegt haben sollten. Deshalb ist es wichtig, nichts Unmögliches zu versprechen. Selbst wenn Ihnen die Lösung nicht hundertprozentig gefällt, sollte die Vereinbarung für Sie tragbar sein.

Versäumen Sie es zu handeln, können sich daraus ernste Konsequenzen ergeben. Machen Sie jedesmal einen Rückzieher, werden Sie Ihren Partner schließlich verlieren, was für Sie sehr schmerzhaft sein wird. Für den Partner ist es schrecklich, gerade von dem Menschen immer wieder im Stich gelassen zu werden, der ihn eigentlich besonders unterstützen sollte. Ihr Partner wird Sie dann mit anderen Augen sehen, und statt Sie zu bewundern, wird er Sie als schwach, unaufrichtig oder ungeheuer selbstsüchtig empfinden und den Respekt für Sie verlieren.

Versprechen erfüllen

Wie können Sie dafür sorgen, daß Sie sich tatsächlich an Ihr Versprechen halten? Zuerst einmal sollten Sie vorsichtig sein und nicht zuviel versprechen. Überschätzen Sie sich nicht, denn dann werden Sie nur sich selbst und Ihren Partner enttäuschen. Wichtig ist außerdem, methodisch vorzugehen. Tragen Sie die getroffenen Vereinbarungen immer in Ihren Kalender ein, damit sie in Ihren Tagesablauf eingebaut und nicht vergessen werden. Haben Sie beispielsweise ausgehandelt, daß Sie hin und wieder auf die Kinder aufpassen wollen, notieren Sie sich die jeweiligen Abende und halten sich daran, statt plötzlich etwas anderes zu planen. Wenn Sie im Haus Möbel umräumen, um in Zukunft zu Hause zu arbeiten, vermerken Sie sich im Kalender, wann Sie die Möbel umräumen und eine zusätzliche Telefonleitung legen lassen wollen, damit Ihr Partner möglichst wenig gestört wird.

Oft ist es nötig, dem Partner echte Veränderungen anzubieten, um ihn von Ihren guten Absichten zu überzeugen.

Durchsetzung

Wenn Sie merken, daß Sie Ihre Versprechen einfach nicht in die Tat umsetzen können, versuchen Sie, sie nacheinander in Angriff zu nehmen. Setzen Sie die »Ja/Nein«-Übung ein, um Schwerpunkte zu setzen. Innerhalb einer Woche sagen Sie »ja« zu drei Dingen, die Sie wirklich tun wollen, und »nein« zu drei Dingen, die Sie nicht tun wollen. Diese Dinge können banal oder ausgesprochen wichtig sein – die Übung hilft Ihnen zu klären, was Vorrang hat. Wenn Sie beispielsweise am Freitagabend direkt nach der Arbeit nach Hause kommen sollen, statt in die Kneipe zu gehen, könnten Sie sich folgende Fragen stellen: Werden Sie »ja« sagen und nach Hause kommen? Oder lautet die Antwort »nein«? (Sie sollten »ja« zu den Dingen sagen, die Sie wirklich wollen, und »nein«, wenn Sie etwas absolut nicht tun wollen.) Vielleicht sagen Sie »ja«, weil Sie wissen, daß Ihre Ehe zerbrechen wird, wenn Sie es nicht tun. Denn dann sagen Sie »ja« zu Ihrem langfristigen Wohlergehen. Sagen Sie »nein«, mag der Grund darin liegen, daß Sie sich in der Kneipe wohler fühlen und Ihnen das wichtiger ist. Ihr »Nein« hat dann gezeigt, wo Sie Ihren Schwerpunkt setzen. Dieses Beispiel kann noch einen weiteren Aspekt haben: Der Alkohol könnte eine große Rolle bei den Eheproblemen spielen. In diesem Fall sollte sich der Betroffene helfen lassen. Ohne Hilfe wird er alles, was ihm lieb und teuer ist, verlieren.

POSITIVE SCHRITTE

Von der Alkoholsucht einmal ganz abgesehen, kann die »Ja/Nein«-Übung Ihnen helfen zu erkennen, daß das Problem tiefer sitzt, als Sie vielleicht denken. Dann müßten Sie sich wieder an den Verhandlungstisch setzen und ohne Scham eingestehen: »Ich habe mehr versprochen, als ich halten kann. Es tut mir leid, aber könnten wir noch einmal darüber reden?« Sie sagen damit nicht, daß Sie nicht in der Lage sind, zur Verbesserung der Situation beizutragen, oder dies nicht wollen, aber Sie müssen etwas Neues aushandeln. In diesem Fall ist ein gestaffelter Vertrag hilfreich. Versuchen Sie, die Dinge aufzulisten, die beide tun sollten. Dann numerieren Sie sie nach ihrem Schwierigkeitsgrad. Beginnen Sie mit dem leichtesten Punkt und arbeiten Sie die ganze Liste durch. Feiern Sie unbedingt Ihre Erfolge, aber Sie müssen keine Angst oder Scham empfinden, einen Schritt zurückzugehen, wenn Sie bei einem Punkt versagen. Wenn Sie Ihre Ziele langsam erreichen, werden Sie gestärkt und können in Zukunft Versprechen selbstbewußter geben.

SICH ENTSCHULDIGEN

Es mag in der Kindheit ausgereicht haben, sich für etwas zu entschuldigen, doch in der Welt der Erwachsenen genügt das nicht. Man muß echte Veränderungen anbieten, um den Partner von den eigenen guten Absichten zu überzeugen. Denken Sie daran, daß jeder irgendwo Grenzen hat. Wenn Sie beispielsweise ständig untreu sind, wird einmal ein Punkt kommen, wo es mit Entschuldigungen allein nicht mehr getan ist und Sie die Sache vermasselt haben. Finden Sie sich also damit ab, daß die Regeln der Kindheit nicht länger zutreffen. Sie leben jetzt in der Welt der Erwachsenen. Das Positive an all der Mühe besteht darin, daß Sie die Kraft finden, die schlechte Laune des anderen, Hemmungen und Streitigkeiten konstruktiv zu überstehen.

SINNESWANDEL
Entschlossenes Handeln war nötig, damit sich Alexas Einstellung zu ihrer »offenen« Beziehung mit Christoph wandelte (siehe Seite 80–83).

KOMMUNIZIEREN LERNEN

EINE OFFENE EHE

Christoph war Alexa gegenüber immer ehrlich gewesen und hatte seine gelegentlichen Beziehungen zu anderen Frauen zugegeben. Doch jetzt erwachten in Alexa wegen einer bevorstehenden Geschäftsreise nach New York Gefühle von Unsicherheit.

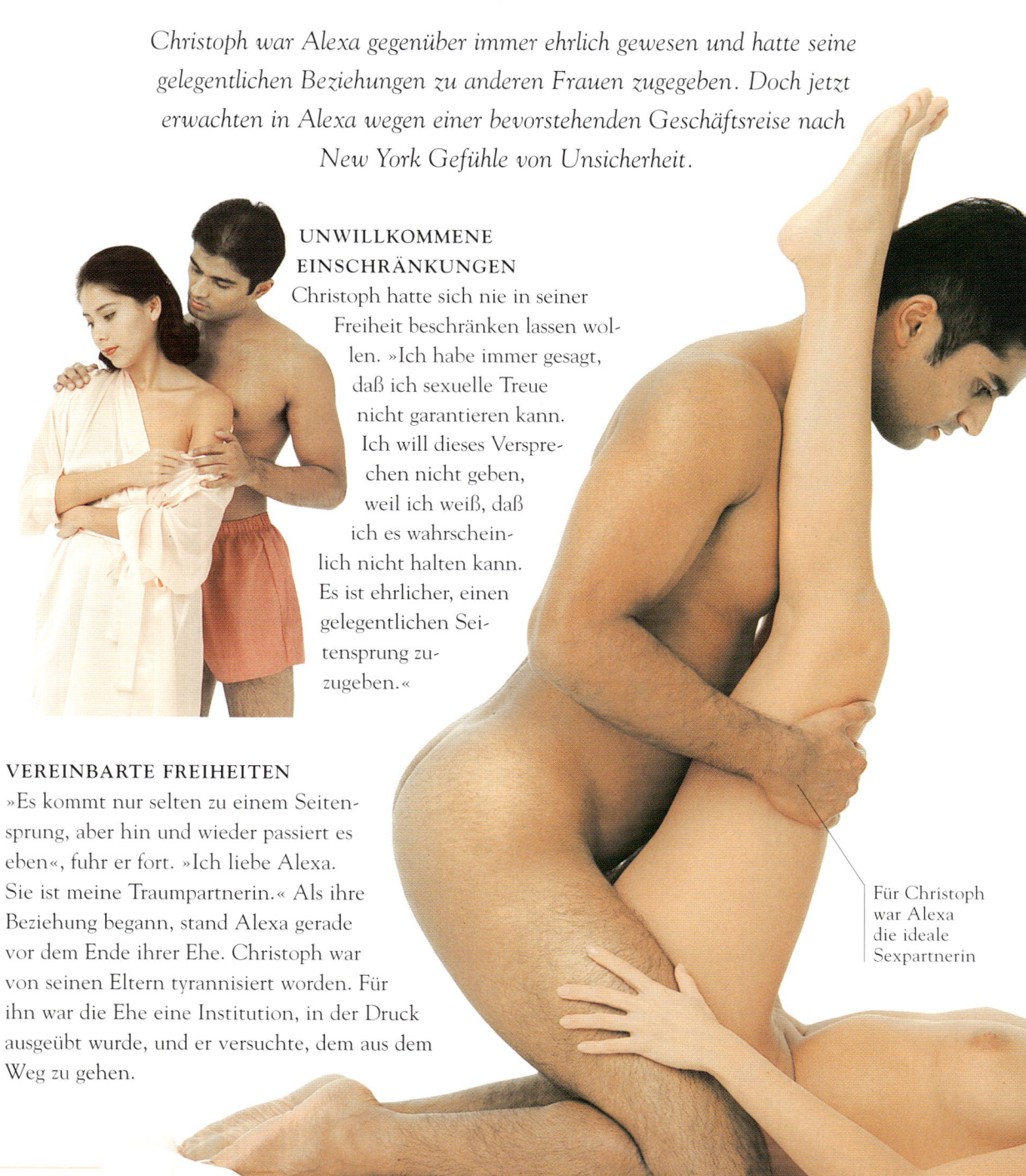

UNWILLKOMMENE EINSCHRÄNKUNGEN
Christoph hatte sich nie in seiner Freiheit beschränken lassen wollen. »Ich habe immer gesagt, daß ich sexuelle Treue nicht garantieren kann. Ich will dieses Versprechen nicht geben, weil ich weiß, daß ich es wahrscheinlich nicht halten kann. Es ist ehrlicher, einen gelegentlichen Seitensprung zuzugeben.«

VEREINBARTE FREIHEITEN
»Es kommt nur selten zu einem Seitensprung, aber hin und wieder passiert es eben«, fuhr er fort. »Ich liebe Alexa. Sie ist meine Traumpartnerin.« Als ihre Beziehung begann, stand Alexa gerade vor dem Ende ihrer Ehe. Christoph war von seinen Eltern tyrannisiert worden. Für ihn war die Ehe eine Institution, in der Druck ausgeübt wurde, und er versuchte, dem aus dem Weg zu gehen.

Für Christoph war Alexa die ideale Sexpartnerin

EINE OFFENE EHE

Anmerkungen zum Fall

Christoph und Alexa

Es war klar, daß Alexa und Christoph einen entscheidenden Punkt ihrer Beziehung erreicht hatten, und so waren beide gezwungen, ihre Situation zu überdenken. Alexa fühlte sich unsicher und verletzlich. Sie schien das Versprechen von Christoph zu brauchen, daß er von nun an monogam sein würde, aber das wollte er nicht geben. Beide erkannten, daß sie das Ganze weniger emotional sehen mußten. Christophs Versprechen, sich nicht mit anderen Frauen einzulassen, während sie ihre Geschäftsreise unternahm, beruhigte Alexa, und die Beziehung stabilisierte sich. Und was das Beste war: Beide Partner hatten nicht das Gefühl, zu große Zugeständnisse gemacht zu haben.

Die »Ich sollte«-Übung

Beide fanden die »Ich sollte«-Übung (siehe Seite 84) sehr hilfreich. Dabei wurden Bereiche aufgelistet, in denen sie sich ihrer Meinung nach ändern »sollten«. So konnten sie ihre Gedanken klären und sich auf die gegenseitig gegebenen Versprechen konzentrieren. Die Übung half beiden auch, sich bildlich vor Augen zu führen, was der andere anbot, und einander zu bitten, sich stärker einzubringen.

EINE FESTE BEZIEHUNG EINGEHEN
Eine »offene Ehe« schien beiden ideal, und sie hatten vereinbart, daß sie zwar mit anderen ins Bett gehen, sich aber immer als Hauptpartner betrachten würden. Alexa zitterte, als sie sagte: »Theoretisch stimme ich Christoph zu. Auch ich wollte sexuelle Freiheiten, aber ich habe sie nicht mehr so häufig genutzt, als es mit unserer Beziehung ernster wurde. Er aber hat weitergemacht, und ich fühle mich jetzt sehr verletzbar, statt Vertrauen zu ihm zu haben. Ich habe das Gefühl, daß er gleich mit jeder Frau ins Bett gehen wird, sobald ich das Haus verlassen habe.«

EIN LIEBEVOLLER EMPFANG
Alexas Problem bestand darin, daß sie eine Geschäftsreise unternehmen sollte. »Ich muß in ein paar Wochen fliegen«, berichtete sie. »Und ich kann einfach nicht aufhören zu weinen. Ich glaube, wenn Christoph nicht versprechen kann, daß er treuer sein wird, muß ich unsere Beziehung beenden. Ich kann nicht mehr so weitermachen. Ich möchte, daß mein Mann mich mit offenen Armen empfängt. Aber wahrscheinlich wird er in den Armen einer anderen Frau liegen.«

Alexa interessierte sich immer weniger für andere Männer und konzentrierte sich stärker auf ihre Beziehung zu Christoph

Eine Verpflichtung eingehen

Zuerst konnte Christoph nicht verstehen, was er falsch machte. Doch die Ehrlichkeit, zu der sie durch die Therapie kamen, half ihm, seine Gefühle zuzugeben. Gemeinsam fand das Paar Bereiche, die für Verhandlungen zu beider Vorteil geeignet waren.

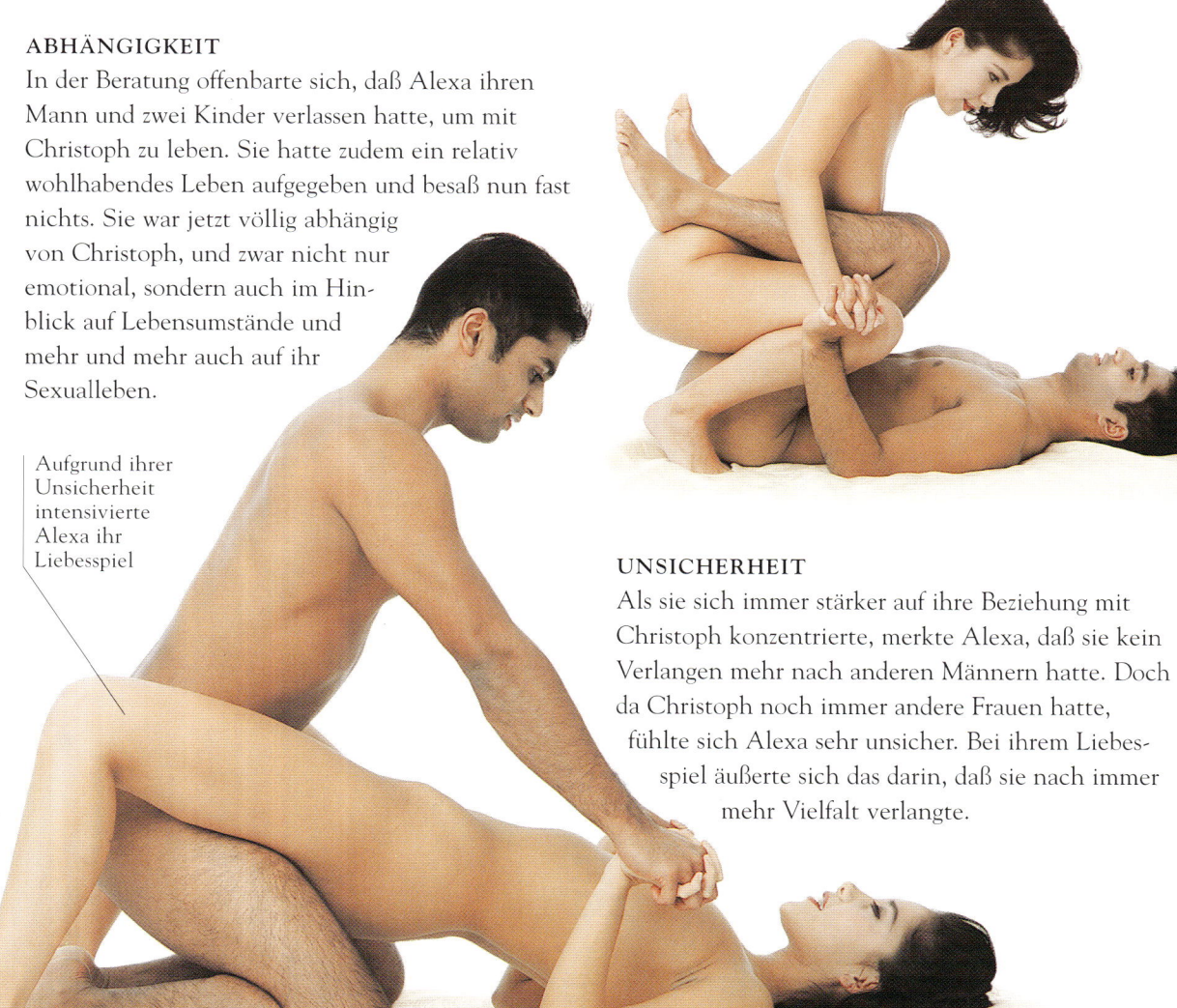

ABHÄNGIGKEIT

In der Beratung offenbarte sich, daß Alexa ihren Mann und zwei Kinder verlassen hatte, um mit Christoph zu leben. Sie hatte zudem ein relativ wohlhabendes Leben aufgegeben und besaß nun fast nichts. Sie war jetzt völlig abhängig von Christoph, und zwar nicht nur emotional, sondern auch im Hinblick auf Lebensumstände und mehr und mehr auch auf ihr Sexualleben.

Aufgrund ihrer Unsicherheit intensivierte Alexa ihr Liebesspiel

UNSICHERHEIT

Als sie sich immer stärker auf ihre Beziehung mit Christoph konzentrierte, merkte Alexa, daß sie kein Verlangen mehr nach anderen Männern hatte. Doch da Christoph noch immer andere Frauen hatte, fühlte sich Alexa sehr unsicher. Bei ihrem Liebesspiel äußerte sich das darin, daß sie nach immer mehr Vielfalt verlangte.

EINE VERPFLICHTUNG EINGEHEN

Zu Christophs Willkommensgeschenk für Alexa gehörte eine lange, sinnliche Massage

KOMPROMISS

Langsam verstand Christoph die tieferen Gründe für Alexas Sinneswandel und erkannte, daß es ihnen nicht mehr möglich war, eine »offene Ehe« zu führen – er mußte sich entweder ganz für Alexa entscheiden oder er würde sie verlieren. Er entschied sich dafür, ihre Beziehung aufrechtzuerhalten.

WILLKOMMEN ZU HAUSE

Alexa flog mit einem viel besseren Gefühl nach New York. Als sie zurückkam, freute sie sich unbändig, als sie feststellte, daß Christoph nicht nur sein Wort gehalten, sondern in ihrer Abwesenheit auch eine wunderschöne neue Küche eingebaut hatte. Außerdem hatte er sich für diesen Abend ein ganz besonderes Willkommensgeschenk fürs Schlafzimmer ausgedacht, das mit einer Massage begann.

Einige Tropfen ätherischer Öle, die mit einem Massageöl vermischt wurden, machten Alexas Massage zu einem ganz besonderen sinnlichen Vergnügen

ÜBUNGSPLAN

GUTE KOMMUNIKATION in einer Beziehung bedeutet, sich Zeit für Diskussionen zu nehmen, dem Partner Respekt zu zeigen, geduldig abzuwarten und sich die Antworten des anderen anzuhören, ihm Zeit zu geben, die Verantwortung in Gesprächen zu übernehmen und Vereinbarungen auch wirklich einzuhalten. Es gibt viele einfache Übungen zur Verbesserung der Kommunikationstechniken.

DIE »DARF ICH?«-ÜBUNG

Diese Übung ist nützlich, wenn Sie dazu neigen, impulsiv zu reagieren, statt Ihre Worte vorher sorgfältig abzuwägen. Statt in einem Gespräch einfach loszulegen oder gleich Ihre Ansicht kundzutun, sollten Sie sich angewöhnen, erst um Erlaubnis zu bitten. So haben Sie Zeit, vor dem Sprechen nachzudenken. Leiten Sie Ratschläge mit der Floskel »Darf ich dir etwas sagen?« ein und akzeptieren Sie die Antwort, egal, ob sie nun ja oder nein lautet.

DIE SCHLÜSSEL-ÜBUNG

Besteht Ihr Problem darin, daß der eine den anderen ständig unterbricht, setzen Sie diese Technik ein. Nur derjenige, der den Schlüsselbund hochhält, darf reden. Wenn er fertig ist, wird der Schlüssel an den anderen weitergereicht, damit er antworten kann. Diese Taktik stammt von den Indianern, bei denen es Sitte war, in Diskussionen einen Zeremonienstab einzusetzen. Nur derjenige, der diesen Stab hielt, durfte reden.

DREISTUFIGE KOMMUNIKATION

Besteht Ihr Problem darin, daß einer von Ihnen das Gefühl hat, der andere höre ihm nie zu, dann hilft diese Übung Ihnen beiden, zuzuhören und richtig zu antworten. Sie baut darauf auf, daß jede Kommunikation in drei Stufen erfolgen muß:
- *Der erste Sprecher macht eine Aussage.*
- *Der zweite Sprecher antwortet und reagiert direkt auf das, was der erste Sprecher gesagt hat.*
- *Der erste Sprecher muß sich in seiner Antwort darauf beziehen.*

KOMPROMISS

Die Kunst, eine ausweglose Situation zu lösen, besteht darin zu akzeptieren, daß ein Kompromiß gefunden werden muß. Das funktioniert folgendermaßen:
- *Versprechen Sie nichts Unmögliches.*
- *Zeigen Sie, daß Sie Ihren Partner ernst nehmen.*
- *Machen Sie ein Versprechen, das sich auf Ihr zukünftiges Verhalten bezieht.*
- *Achten Sie darauf, daß Sie das Versprechen halten.*

HEISS UND KALT

Diese Übung ist sehr nützlich, um zu beurteilen, ob Sie weit genug gegangen sind und die Bedürfnisse Ihres Partners in einer Verhandlung tatsächlich erfüllen. Während der Verhandlung halten Sie einen gewissen Abstand zueinander und stellen einen Stuhl zwischen sich. Während Sie miteinander reden, bewegen Sie sich von dem Stuhl weg, wenn Ihre Gefühle kalt sind (teilnahmslos, wütend, distanziert), und auf Ihren Partner und den Stuhl zu, wenn sie warm oder vielleicht sogar heiß sind (Zuneigung und Wertschätzung). Da Sie anhand der Bewegungen Ihres Partners erkennen können, wie warm seine Gefühle sind, verstehen Sie auch, wo Sie sich mehr Mühe geben müssen.

DIE »ICH SOLLTE«-ÜBUNG

Diese Übung ist hilfreich, wenn Sie und Ihr Partner Änderungen in Ihrem Beziehungsmuster vornehmen wollen. Beide erstellen eine Liste mit Maßnahmen, die Ihrer Meinung nach durchgeführt werden sollten, um die vereinbarten Änderungen zu verwirklichen. Anschließend werden sie dem Schwierigkeitsgrad entsprechend durchnumeriert. Jeder von Ihnen geht dann nach der eigenen Liste vor. Beginnen Sie dabei mit dem leichtesten Punkt und arbeiten sich bis zum schwierigsten vor. (Eine weitere nützliche Taktik in dieser Situation ist die »Ja/Nein«-Übung, von Seite 78.)

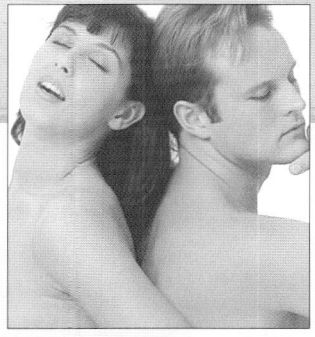

KÖRPER-
SPRACHE

Sagt Ihr Körper etwas anderes als Ihre Worte? Können Sie an der Haltung Ihres Partners ablesen, wie seine wahren Gefühle aussehen? Durch Erlernen der Körpersprache können Sie Ihren Partner beruhigen und liebevolle Worte unterstreichen.

DER KÖRPER SPRICHT

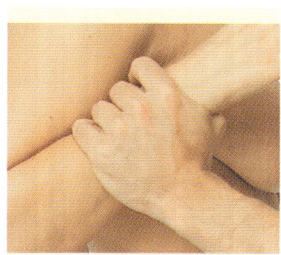

Die Körpersprache ist tatsächlich eine Sprache. Sie besteht aus »Sätzen«, die sich aus unbewußten Signalen und bewußten Gesten zusammensetzen. Dabei kann es sich um fast unmerkbare Regungen handeln oder um eine Bewegung des ganzen Körpers. Wenn Sie lernen, in der Körpersprache zu »sprechen«, werden Sie feststellen, daß Sie auf diese Weise die Gefühle und Stimmungen Ihrer Mitmenschen steuern können.

Wenn Sie jemandem zur Begrüßung die Hand reichen, setzen Sie bewußt eine Bewegung ein, um guten Tag zu sagen. Dabei handelt es sich um eine bekannte Aktion, die von den meisten Menschen als gutwillige Geste erkannt wird. Doch wenn Sie unbewußt ein Bein über das andere schlagen, könnten Sie damit andeuten, daß Sie nervös oder angespannt sind, während starkes Trommeln mit den Fingern in einem Gespräch wütende oder ungeduldige Worte verstärken kann.

MIT DEM KÖRPER SICH MITTEILEN

Wir alle haben unbewußte Gefühle, die von unseren Körperbewegungen verraten werden. Die Art und Weise, wie wir uns bewegen, spiegelt genau wie unsere Körperhaltung eine ganze Reihe unterdrückter Gefühlen wider, die wir anderen möglicherweise nicht durch direkte Aussagen mitteilen wollen. Deshalb kann die Körpersprache in einer bestimmten Situation Einblick in die wahren Gefühle anderer Menschen gewähren, weil Sie daran erkennen können, was der Betreffende eigentlich »sagt«. Eines der größten Probleme besteht für manche darin, daß sie ihre Gefühle nicht offenbaren und mitteilen können. Da es vielen schwerfällt, über bestimmte Dinge zu reden, ist die Körpersprache von unschätzbarem Wert. Denken Sie beispielsweise nur einmal an die »steife Oberlippe«. Wenn jemand steif wirkt oder sich steif anhört, bedeutet dies normalerweise, daß er sich in einer Situation befindet, in der er sich unwohl oder wie »ein Fisch auf dem Trockenen« fühlt. Wenn Sie Angst haben, spannen Sie Ihren Körper an, um die Situation zu kontrollieren oder auf Unbekanntes reagieren zu können.

AFFEKTVERLAGERUNG

Sich auf die Bedeutung der sogenannten »Affektverlagerung« einzustimmen, ist von Vorteil für Sie. Bei diesen Signalen handelt es sich um scheinbar bedeutungslose, geringfügige Bewegungen, die Menschen ausführen – beispielsweise leichtes Kratzen, das Zurückwerfen der Haare und Reiben der Nase. Diese Bewegungen werden unbewußt ausgeführt, weil der Betreffende aufgebaute Spannungen abbauen muß. Ein Mann, der nervös sein Bein bewegt, zeigt den Menschen in seiner Umgebung damit, daß er seine Energie momentan nicht ablassen kann. Für Therapeuten ist das Verstehen der Körpersprache im Gespräch mit ihren Patienten sehr nützlich, da die Betroffenen anfangs oft nervös sind. Wenn der Patient seine Geschichte erzählt, macht er möglicherweise nervöse Handbewegungen, lehnt sich ängstlich nach vorn oder umfaßt die Armlehnen des Sessels. Wenn die Sitzung gut verläuft und der Patient das Gefühl hat, die Situation besser unter Kontrolle zu haben, wird er sich vielleicht in seinem Sessel zurücklehnen, die Hände still halten und Arme und Beine in eine bequemere, entspanntere Position bringen. Dies zeigt dem Therapeuten, daß die Beratung positiv verläuft.

KOMMUNIKATION DURCH KÖRPERSPRACHE

Wenn Sie gelernt haben, Körpersprache zu interpretieren, sind Sie in der Lage, mit Ihrem Körper und mit Berührungen zu kommunizieren. Vielen Menschen fällt es sehr schwer, ihre Ängste und Sorgen auszusprechen. Frißt ein Mensch aber seine Gefühle in sich hinein, wächst der auf ihm lastende Druck enorm. Oft zeigt sich dieser körperliche und emotionale Streß in winzigen körperlichen Veränderungen, die von anderen »gelesen« werden können. Starke Emotionen wie Wut, Frustration und Verwirrung manifestieren sich häufig als körperliche Unbeweglichkeit oder Distanz. Fühlt ein Partner sich unter Druck gesetzt oder meint, man schenke ihm nicht genug Aufmerksamkeit, drückt er diese Gefühle möglicherweise durch körperliche Unnahbarkeit dem anderen gegenüber aus. Dem Partner vermittelt das wiederum das Gefühl, bestraft zu werden, oder er glaubt vielleicht sogar, die Beziehung sei beendet. Dann ist es wichtig, daß sich die Betroffenen mit dem eigentlichen Problem auseinandersetzen. Eine Frau setzt körperliche Unnahbarkeit unter Umständen ein, um ihren Partner für mangelnde Aufmerksamkeit zu bestrafen. Ihr Partner meint nun, sie habe einfach das Interesse an ihm verloren und versucht, seine Partnerin zurückzugewinnen, indem er sich nach ihren »Wünschen« richtet. Das heißt, er zieht sich zurück. Durch den weiteren Entzug der Aufmerksamkeit steigert sich der Kummer seiner Partnerin noch mehr. Erst wenn sie ihre Gefühle ausspricht, werden beide Fortschritte machen. Wäre ihr Partner sich der anderen Körpersignale seiner Frau, mit denen sie ihr Mißfallen ausgedrückt hat, bewußt gewesen, hätte er auf sie zugehen und ihr ihre Ängste nehmen können.

WIEDER FÜHLUNG AUFNEHMEN
Ein langsames Wiedererwecken der körperlichen Bedürfnisse durch sinnliche Berührung zahlt sich schnell aus. Gefühle der Liebe, von denen man glaubte, sie gehörten für immer der Vergangenheit an, werden freigesetzt und kehren zurück.

KÖRPERSPRACHE EINSETZEN

Wenn Sie das nächste Mal eine erfolgreiche Talkshow im Fernsehen anschauen, achten Sie einmal auf das Verhalten des Moderators: Er blickt nicht nach unten, wendet den Blick nicht von seinen Gästen oder den Zuschauern ab, wenn er mit ihnen redet, lächelt möglichst oft, hebt den Kopf, um seine gute Laune zu zeigen und nickt, um etwas zu unterstreichen. Er setzt die Körpersprache ein, um den Zuschauern herzliche, positive Gefühle wie Freundlichkeit und Begeisterung zu vermitteln.

Ein Mensch mit attraktiver Persönlichkeit ist herzlich und offen, schenkt seinen Mitmenschen Aufmerksamkeit und hört interessiert zu. Er sucht Blickkontakt, um zu zeigen, daß der andere eine Anziehung auf ihn ausübt, und er wird flirten, ohne sein Gegenüber dadurch unter Druck zu setzen. All das gehört zu einer Körpersprache, die eine positive Grundstimmung vermittelt. Nicht jedem von uns ist diese Fähigkeit von Natur aus eigen, aber sie ist leicht erlernbar. Man kann auch die Körpersprache des anderen richtig interpretieren und auf sie reagieren. Ein Zuhörer, der ein Zögern oder Lebhaftigkeit ignoriert, ist nicht attraktiv. Eine Möglichkeit, sein Interesse zu zeigen, besteht darin, kleine nonverbale Signale zu geben, beispielsweise indem man während des Gesprächs zur richtigen Zeit nickt, den Sprechenden oft und direkt anschaut, und wartet, bis er wegsieht – das häufigste Zeichen dafür, daß man seine Aussage beendet hat –, bevor man als Zuhörer das Wort ergreift (*siehe Seite 66–67*).

Die Körpersprache offenbart die geheimsten Gefühle, ob wir sie nun zeigen wollen oder nicht.

GRUNDTECHNIKEN

Man kann erlernen, Körpersprache einzusetzen und die Gesten anderer Menschen zu interpretieren. Es gibt zahllose Bücher zu diesem Thema, in denen detailliert beschrieben wird, wie man das erreicht, doch die Grundtechniken sind sehr einfach. Eine der effektivsten Methoden, anderen die Befangenheit zu nehmen, besteht darin, ihre Körpergesten zu »spiegeln«. Dazu ändern Sie unmerklich Ihre Körperhaltung, damit sie der Körperhaltung des Menschen entspricht, mit dem Sie zusammen sind. Das führt dazu, daß sich Ihr Gegenüber entspannt und wohl fühlt. Wenn Sie eine Weile die Bewegungen Ihres Gegenübers nachgeahmt haben und dann selbst einige Bewegungen machen, können Sie feststellen, ob Ihr Gesprächspartner sich jetzt auf Sie eingestimmt hat. In diesem Fall wird er unbewußt Ihre Bewegungen kopieren.

KÖRPERSPRACHE EINSETZEN

Sich Körpersignale bewusst machen

Menschen, die Sie als attraktiv empfinden, sind oft auch von Ihnen angezogen. Fühlen Sie sich sexuell von einem Menschen angezogen, werden Sie wahrscheinlich häufig einen Blick auf seinen Körper werfen und feststellen, daß Ihre Augen zu seinen sexuellen Merkmalen wandern. Wird dieser Blick positiv aufgenommen, bewegt sich Ihr Gegenüber möglicherweise so, daß diese Merkmale stärker zur Geltung kommen. Er »öffnet« seinen Körper, so daß Sie ihn besser betrachten können. Empfindet er Ihr Interesse jedoch als unangenehm, wird er seinen Körper vor Ihren Blicken schützen und versuchen, zwischen sich und Ihnen eine Barriere aufzubauen. Damit teilt er Ihnen mit, daß es ihm zu schnell geht, er im Augenblick nicht interessiert ist oder vielleicht gar kein Interesse hat. Sie sollten entsprechend reagieren und sich zurückziehen, damit der andere das Tempo bestimmen kann.

Instinkte

Wie in der Tierwelt putzt sich der Mann heraus, wenn sich eine Frau nähert. Handlungen wie das Zurechtrücken der Krawatte, das Kämmen der Haare und das Entfernen von Fusseln an Kragen und Ärmeln weisen darauf hin, daß er sexuelles Interesse signalisieren und anziehend wirken will. Eine aggressivere Geste ist das Einhaken der Daumen in die Gürtelschlaufen. Damit wird der Blick des Betrachters auf die Genitalien gezogen. Obwohl Frauen ähnliche Techniken einsetzen, verfügen Sie über ein weit größeres Repertoire an Möglichkeiten, um auf sich aufmerksam zu machen. Die Gürtelhaltung beispielsweise wird vielfach abgewandelt – die Frau steckt einen Daumen in den Gürtel, die Handtasche oder Hosentasche. Frauen setzen auch ihr Haar – egal, ob kurz oder lang – stärker ein.

Was drückt Ihr Körper aus?

Von Kindheit an lernen wir, Körpersprache einzusetzen und auf sie zu reagieren. Nur wenige Menschen sind nicht in der Lage, den Ausdruck von Wut oder Angst zu verstehen. Es gibt in Ihrer eigenen Körpersprache aber auch Signale, deren Sie sich selbst zwar nicht bewußt sind, die aber von Ihrem Partner wahrgenommen werden. Wenn Sie sich zu einem Menschen hingezogen fühlen, kann dies viele Gründe haben. Vielleicht wirkt der Betreffende zerbrechlich und schüchtern, so daß Ihr Mutterinstinkt oder Ihre Ritterlichkeit angesprochen wird. Möglicherweise sind es aber auch Stärke und Selbstsicherheit, die sich in einer aufrechten Haltung und einem selbstbewußten Blick widerspiegeln. Das, was Sie ursprünglich an Ihrem Partner angezogen hat, ist eng an seine Körpersprache geknüpft, und wenn sich diese Signale mit der Zeit wandeln, können sich auch Ihre Gefühle verändern. Wenn es dazu kommt und Sie beide darüber unglücklich sind, ist es wichtig, daß Sie lernen und genau verstehen, welche Botschaften vermittelt werden.

Flirten

Das Flirten ist wahrscheinlich die bekannteste Form der Körpersprache. Die Gesten, die eingesetzt werden, wenn man jemandem den Hof macht (seien sie nun subtiler oder offenkundiger Art), werden schon seit Hunderten von Jahren studiert – und eingesetzt. Es kann faszinierend sein, Männer und Frauen – und ihre Körpersprache – beim Flirten zu beobachten.

Fehlende Botschaften

In Thomas' und Nicoles Beziehung (siehe Seite 90–93) gingen Respekt und Intimität beinahe verloren – schuld daran war Thomas' Körpersprache.

KÖRPERSPRACHE

EINE REIFENDE BEZIEHUNG

Paare, die bereits längere Zeit zusammenleben, legen möglicherweise ihre guten Umgangsformen ab und zeigen ihre wahre Persönlichkeit. Thomas' und Nicoles Beziehung geriet in Gefahr, als sein kindisches Wesen zum Vorschein kam, das Nicole durchaus nicht anziehend fand.

FRÜHE ERFAHRUNGEN

Die meisten Menschen wünschen sich, daß ihre Liebe von Dauer ist, erwarten aber nicht, daß die romantischen Gefühle ewig anhalten. In einer guten Beziehung dauert der Zustand des »Verliebtseins« während der ersten paar Jahre an und verwandelt sich dann in ein weniger intensives, aber sehr viel zärtlicheres Gefühl. Wenn die Betroffenen Glück haben, lieben sie sich aufgrund dieser tiefen Zuneigung auch weiterhin körperlich. Thomas hielt seine jüngere, zweite Frau Nicole für besonders sexy, als er sie kennenlernte. »Sie konnte eigentlich alles mit mir tun«, witzelte er.

Nicole spürte, daß sie Thomas nicht mehr so sehr begehrte

ENTFREMDUNG

Thomas fiel es schwer zu begreifen, daß dieses frühe Stadium der Beziehung zu Ende war. Er machte sich ernsthaft Sorgen, daß irgend etwas nicht in Ordnung sein könnte. »In den letzten Jahren, besonders nach der Geburt unseres zweiten Kindes, scheint Nicole einfach das Interesse verloren zu haben«, klagte er. »Langweilen sich alle Frauen irgendwann beim Sex?« fragte er sich. »Oder liegt es einfach nur an Nicole?«

Viele Männer empfinden eine Frau, die weiß, wie sie die Kontrolle ausüben kann, als sehr begehrenswert – Thomas machte da keine Ausnahme

EINE REIFENDE BEZIEHUNG

KÖRPERSPRACHE

Nicole sah die Sache ganz anders. »Das Problem besteht darin, daß ich Thomas irgendwie als weiteres Kind empfinde, obwohl er älter ist als ich. Im Bett verhält es sich nicht anders. Er legt sich bekleidet hin und erwartet, daß ich ihn ausziehe und sexuell errege. Ich habe im Grunde nicht viel davon.«

MANN ODER KIND?

Nicole gab zu, daß es ihr am Anfang Spaß gemacht hatte, beim Sex den aktiveren Part zu übernehmen. Ihre Version der Ereignisse erklärte, warum sie langsam das Interesse daran verlor. Wenn ein Erwachsener sich wie ein Kind verhält, fällt es sehr schwer, ihn erotisch zu finden. Nicole, eine ehrliche, extrovertierte Frau, konnte nicht vorgeben, jemanden zu begehren, der sich im Bett eher wie ein Baby und nicht wie ein erwachsener Sexualpartner verhielt, obwohl sie die Intimität in ihrer Beziehung schrecklich vermißte.

Nicole sehnte sich verzweifelt nach der Leidenschaft und Intimität, die sie und Thomas früher genossen hatten

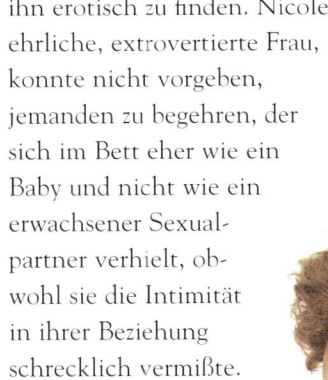

ANMERKUNGEN ZUM FALL

THOMAS UND NICOLE

Es ist nicht ungewöhnlich, daß sich die sexuelle Beziehung eines Paares verändert, wenn sie Eltern werden. Manchmal hat die Frau das Gefühl, daß sich die ungehemmte Sexualität, die sie vorher genossen hat, nicht mit ihrer Verantwortung als Mutter vereinbaren läßt (siehe Seite 22). In anderen Fällen fühlt sich der Mann nach der Geburt eines Kindes nicht mehr so stark von seiner Partnerin angezogen, während andere – wie Thomas – eine kindliche Rolle einnehmen und erwarten, »bemuttert« zu werden. Wie diese Verhaltensänderung auch aussehen mag, in der Regel ist der Partner in der Lage, sich anzupassen, so daß daraus kein Problem entsteht. Doch Nicole nahm Thomas' unbeabsichtigtes, aber ermüdendes kindliches Verhalten die Lust – ein Verhalten, das sich nicht in seinen Worten und Handlungen, sondern vielmehr in seiner Körpersprache ausdrückte.

Die Kraft der Berührung

Die Lösung war relativ einfach, als Thomas erst einmal begriffen hatte, was seine Körpersprache signalisierte (siehe Seite 106). Er verstand das Problem und übernahm die Verantwortung dafür. Der nächste Schritt bestand darin, daß er zunächst die emotionale und später dann die körperliche Beziehung zu Nicole wieder aufbaute. Sinnliche Massagen waren dabei nützlich, weil er damit eine aktive und gebende Rolle übernehmen konnte.

KÖRPERSPRACHE

Wieder Fühlung aufnehmen

In den Beratungsgesprächen erkannte Thomas langsam, daß er Nicole anders sah, nachdem sie Mutter geworden war, was dazu führte, daß er sie wie eine Mutter behandelte. Als er sich dies bewußt gemacht hatte, spornte ihn das an, seine Einstellung zu ihr zu ändern.

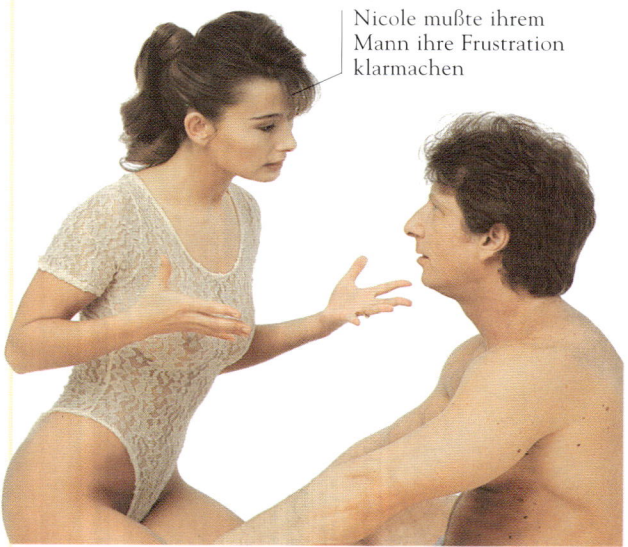

Nicole mußte ihrem Mann ihre Frustration klarmachen

SCHÖNE ERINNERUNGEN

Thomas konnte die Verantwortung für das Problem übernehmen, als Nicole sein früheres mit seinem jetzigen Verhalten verglich und ihm so die Augen öffnete. Zu Anfang ihrer Beziehung hatte er ihr zugehört, sich ihren Vorschlägen begeistert angeschlossen und war ein fürsorglicher und sensibler Liebhaber gewesen. Wie kam es dazu, daß er sich so verändert hatte? In hitzigen Debatten fanden sie die Antwort. Nicole führte Thomas dabei vor Augen, wie er im Bett auf dem Rücken lag und darauf wartete, daß sie ihn entkleiden würde – seine Körpersprache sagte ihr, daß Thomas sich wie ein Baby verhielt.

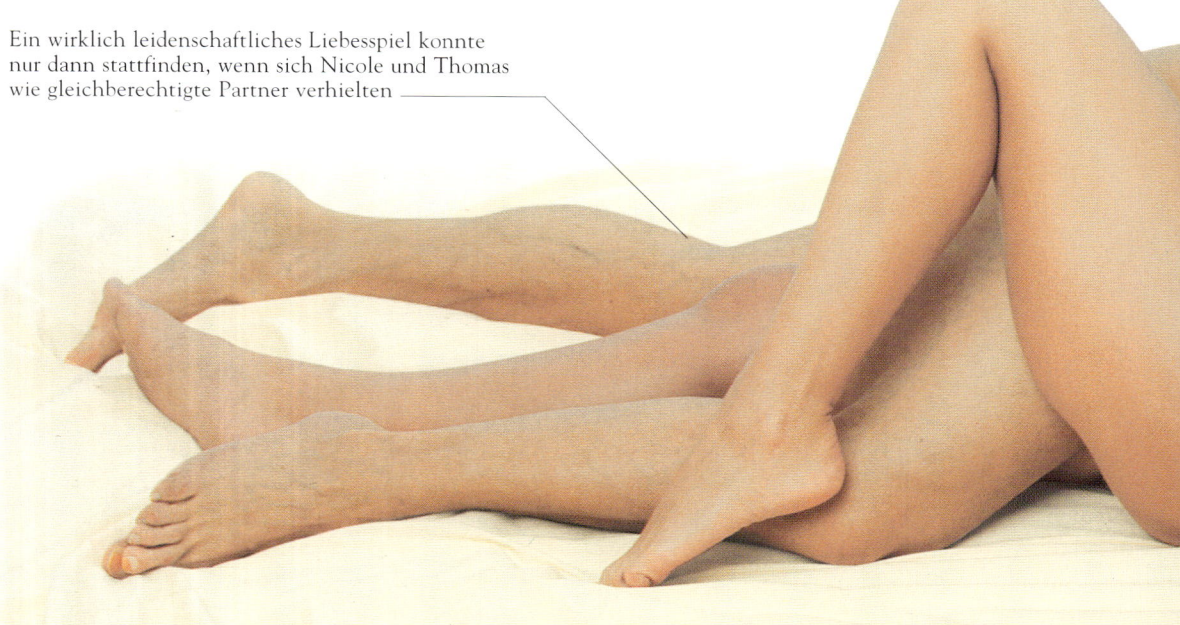

Ein wirklich leidenschaftliches Liebesspiel konnte nur dann stattfinden, wenn sich Nicole und Thomas wie gleichberechtigte Partner verhielten

WIEDER FÜHLUNG AUFNEHMEN

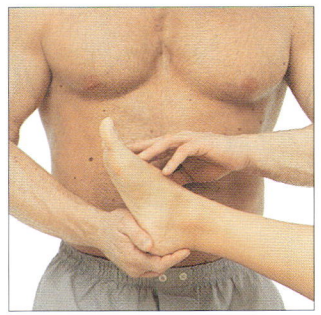

ANNEHMEN
Das Paar kam zu dem Schluß, daß Thomas Nicole nach der Geburt ihrer Kinder nicht mehr genug Aufmerksamkeit geschenkt und eher die mütterliche Seite an ihr gesehen hatte. Als er begriff, daß er sich wie ein großes Kind verhielt und nicht wie der ältere, verantwortungsbewußte Ehemann, war er sehr bestürzt. Glücklicherweise brauchte er kaum Anleitung, um sich zu einem reiferen Liebhaber zu entwickeln. Dabei halfen ihm auch die Massagetechniken (siehe Seite 106), die das Paar von nun an einsetzte.

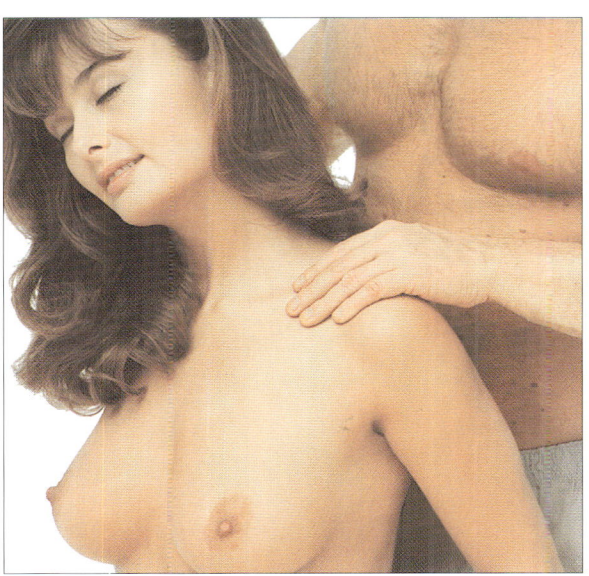

DIE VERÄNDERUNG DURCHFÜHREN
Als die beiden die Therapie beendet hatten, beschloß Thomas, seinen Beruf aufzugeben, um seiner Frau bei der Erweiterung ihrer Gärtnerei zu helfen. In ihrem Sexualleben bemühte er sich darum, genauso oft aktiv zu werden wie seine Frau.

Thomas erkannte, was er verpaßt hatte, als er in Nicole nur die Mutterfigur sah, und ihr Liebesspiel wurde bald wieder aufregender

Körpersprache im Bett

Sex kann offenbaren, in welcher Stimmung sich Ihr Partner gerade befindet und wie entspannt oder ängstlich er ist. Er zeigt auch, wie gut Sie in der Lage sind, sich auf die Gefühle des Partners einzustimmen und seine Körpersprache zu interpretieren. Es kann sehr interessant sein, die Körpersprache der Sexualität zu erlernen und auf sie zu reagieren.

Befassen wir uns zunächst mit dem Beginn des Liebesspiels – damit also, wie Sie den Liebesakt eröffnen. Sie haben sich leidenschaftlich auf dem Sofa geküßt oder sind sogar auf dem Boden herumgerollt. »Laß uns ins Bett gehen«, sagt einer von Ihnen. »Ja«, keucht der andere. Auf der Stufe höchster Erregung eilen Sie beide ins Schlafzimmer. Aber Sie reißen sich nicht einfach die Kleider vom Leib. Plötzlich stört das übliche Vorgehen beim Ablegen der Kleidung und verlangsamt das Ganze. Während dieser vorübergehenden Unterbrechung des Liebesspiels können Sie am Verhalten und der Körpersprache Ihres Partners viel über seine momentanen Gefühle – beispielsweise, ob er nervös oder gehemmt ist –, aber auch über seinen Charakter an sich erfahren.

Nervosität

Ihre Partnerin sitzt im Bett und wartet auf Sie. Sie hat sich ausgezogen und sitzt nach vorn gebeugt da, starrt auf das Laken und hat ihre Arme fest um die Knie geschlungen. Diese Pose sollte Ihnen sagen, daß sie angespannt ist und sich möglicherweise fragt, ob Sie das Richtige tut. Die beste Lösung besteht dann darin, sich neben sie zu legen und anzubieten, sie in den Arm zu nehmen. Das zeigt ihr, daß Sie sie um ihrer selbst willen begehren und daß Ihnen ihr Wohlbefinden wichtig ist. Es wird nicht lange dauern, bis sie sich durch Ihre Umarmung entspannt und leidenschaftlich wird.

Die Körpersprache im Bett kann Ihnen sagen, wie sich Ihr Partner fühlt, ohne daß ein Wort gesprochen wird.

Es kann auch vorkommen, daß Ihr Partner das romantische und erregende Vorspiel unterbricht, indem er ständig zwischen Bad und Schlafzimmer hin und her läuft, seine Kleidung ordentlich zusammenfaltet und sich die Zähne putzt. Das Ganze scheint eine Ewigkeit zu dauern, und wenn er schließlich zu Ihnen ins Bett kommt, lenkt er seine Aufmerksamkeit auf alle möglichen Gegenstände im Zimmer, statt sich auf Sie zu konzentrieren. Auch das kann ein Zeichen der Nervosität sein. Sie sollten ihn dann in den Arm nehmen und mit ihm schmusen, bis er sich beruhigt hat.

VERKRAMPFTHEIT

Doch was tun, wenn Ihr Partner bereitwillig ins Bett gegangen ist, aber jetzt stocksteif neben Ihnen liegt, ohne Sie zu berühren? Nachdem Sie sich noch vor kurzem so nah waren, ist es unwahrscheinlich, daß er seine Begeisterung verloren hat. Sie können davon ausgehen, daß er sich unwohl fühlt und sich anspannt, um die Situation unter Kontrolle zu bekommen. Vielleicht ist er der Typ Mann, der meint, die ganze Verantwortung liege bei ihm. Eine Möglichkeit, diese Anspannung zu lösen, wäre eine Massage (*siehe Seite 101*). Bieten Sie ihm diese sofort an und bitten Sie ihn, sich während der nächsten zehn Minuten überhaupt nicht zu bewegen. (Möglicherweise fällt es ihm schwer, dieser Bitte Folge zu leisten, während Sie ihn massieren.)

HEMMUNGEN

Wenn Sie ins Bett gehen, wendet Ihre Partnerin Ihnen den Rücken zu und zieht die Knie an, so daß sie in der Fötusposition daliegt. Dies zeigt ganz eindeutig, daß sie voller Hemmungen steckt und sich vielleicht fragt, ob sie sexuelle Berührungen überhaupt ertragen kann.

Die beste Medizin bei solchen Ängsten ist eine Umarmung mit dem ganzen Körper von hinten in der Seitenlage. Halten Sie Ihre Partnerin in den Armen und passen Sie Ihre Atmung der ihren an. Dann verlängern Sie langsam die einzelnen Atemzüge, so daß sie entspannter werden. Wenn Sie Glück haben, wird Ihre Partnerin es Ihnen nachtun und sich ebenfalls entspannen. Andernfalls hilft eine Massage. Drängen Sie sie jedoch nach einer angenehmen Massage nicht zum Sex, wenn sie nicht dazu bereit ist.

CHARAKTERANALYSE

Die Art und Weise, wie sich ein Mensch vor, während und nach dem Liebesspiel verhält, läßt immer auch Rückschlüsse darauf zu, wie sich dieser Mensch als Partner verhalten und was er insgesamt in die Beziehung einbringen wird. Das ist zwar kein narrensicheres System von Analyse, kann Sie aber auf bestimmte Charakterzüge aufmerksam machen, die zu den Ihren passen oder nicht.

Ein Mensch, der es gar nicht abwarten kann und keine Lust hat, viel Zeit für das Vorspiel aufzuwenden, ist wahrscheinlich ungeduldig und möglicherweise auch verwöhnt. Vielleicht braucht er den Sex im Augenblick aber einfach nur, und sein Verhalten bessert sich mit der Zeit.

Ein Mensch, der direkt zum Geschlechtsverkehr übergeht, keinerlei Vorspiel einsetzt, schnell zum Ende kommt und sich nicht weiter um die Befriedigung seines Partners kümmert, ist einfach selbstsüchtig. Doch jemand, der vor dem Geschlechtsverkehr gerne spielt, mit dem Partner herumtollt und viel Spaß dabei hat, ist im besten Sinne des Wortes kindisch, so daß eine Beziehung mit ihm unkompliziert sein und Spaß machen wird.

VERHALTENSWEISEN INTERPRETIEREN
Jan erkannte schnell, daß es in seiner Beziehung zu Antje ein Problem gab (siehe Seite 96–99), denn er empfand ihre Körpersprache als beunruhigend und unattraktiv.

KÖRPERSPRACHE

ERNSTHAFTE KONKURRENZ

Heutzutage akzeptieren die meisten Menschen Masturbation als etwas völlig Normales. Doch Jan war verletzt und fühlte sich bedroht, als seine Partnerin Antje durch Masturbation mehr Vergnügen erlebte als durch ihr Liebesspiel.

HILFE SUCHEN

Jan kam allein zur Eheberatung. Er glaubte, Antjes Vorliebe für die Masturbation deute darauf hin, daß sie ein Problem mit der Sexualität hatte, und er wollte herausfinden, wie er ihr am besten helfen könnte. Er schien ein freundlicher junger Mann ohne sexuelle Probleme zu sein, dem es nicht schwerfiel, über Sex zu reden. Trotzdem fühlte er sich aufgrund des Verhaltens seiner Freundin gehemmt und war nun verunsichert.

Eine neue Liebesbeziehung ist oft sehr pikant und leidenschaftlich

FRÜHE LEIDENSCHAFT

Jan berichtete, daß er mehrere Freundinnen gehabt und mit der letzten drei Jahre zusammengelebt hatte. »Meine Beziehung zu Antje besteht seit drei Monaten. Wir haben uns wahnsinnig ineinander verliebt, und vor einem Monat ist sie zu mir gezogen. Seitdem haben wir unheimlich viel Zeit im Bett verbracht.«

Oft trifft man wie aus heiterem Himmel auf den idealen Partner

ERNSTHAFTE KONKURRENZ

SEXSPIELE?

»Aber irgend etwas Merkwürdiges geht da vor«, fuhr er fort. »Zuerst dachte ich, sie wolle mich nur necken, aber jetzt fühle ich mich ziemlich unwohl. Jede Nacht verschwindet sie vor mir im Schlafzimmer, und wenn ich ihr schließlich folge, liegt sie auf dem Bett und masturbiert mit ihrem Vibrator. Sie spielt irgendein Spiel mit mir, das mir die Lust nimmt.«

Sexuelle Hilfsmittel sind etwas Wunderbares, allerdings nur wenn beide Partner Spaß daran haben

ANMERKUNGEN ZUM FALL

JAN UND ANTJE

Jans Sorge wurde immer größer, weil er Antjes Gründe für ihr Verhalten nicht verstand. Er machte sich außerdem Gedanken darüber, daß Antje ihm vorgeworfen hatte, er sei gehemmt. Aus diesem Grund war er auch schließlich zur Beratung gekommen.

Warnzeichen

Wie sich herausstellte, lag das Problem bei Antje, doch statt mit Jan darüber zu reden, hatte sie sich durch ihre Körpersprache und ihr Verhalten ausgedrückt. Wäre Jan sich bewußt gewesen, was sie ihm damit sagen wollte und wäre er in der Lage gewesen, die winzigen Signale – speziell im Bett – zu deuten (siehe Seite 106), hätte er schneller darauf reagieren können, und die Sache hätte ihn emotional weniger mitgenommen.

VERWÖHNTES KIND

»Ich habe sie gefragt, was das Ganze soll, aber sie tut die Sache ab und behauptet, ich sei gehemmt«, erzählte Jan. »Dann meint sie, wenn ich sie wirklich liebte, würde es mich nicht weiter stören, daß sie sich selbst befriedigt. Das stimmt zwar, aber was soll ich davon halten, wenn sie es jeden Abend tut? Bin ich gehemmt? Sie verhält sich wie ein verwöhntes Kind mit einem Spielzeug.«

KÖRPERSPRACHE

Die Sache in die Hand nehmen

Es hatte den Anschein, daß die Aufmerksamkeit, die Antje durch das Masturbieren hervorrief, für sie genauso wichtig war wie die Selbstbefriedigung an sich. Glücklicherweise erkannte Jan durch die Therapie, daß er herausfinden mußte, warum das so war, wenn er die Beziehung retten wollte.

DEN TATSACHEN INS AUGE SEHEN

Jan wollte Antje nicht als die »Schuldige« hinstellen. Doch als er die Geschichte im Detail erzählte, gelangte er zu der Überzeugung, daß die Situation und ihr Verhalten nicht normal waren. Als er gefragt wurde, worum es dabei seiner Meinung nach ging, erwiderte er: »Es scheint irgendwie Absicht zu sein. Wenn Sie nur hin und wieder masturbierte, wäre das in Ordnung. Aber jeden Abend?«

Der Vibrator trieb einen Keil zwischen das Paar

EIN FALSCHER SCHACHZUG

Nach der ersten Sitzung fühlte sich Jan stark genug, Antje auf das Problem anzusprechen. Daraufhin bot sie ihm oralen Sex an. Jan gab zu, daß er ihn für den Augenblick genoß, aber noch am selben Abend zog sich Antje wieder mit dem Vibrator ins Schlafzimmer zurück.

Antje wollte sich mit dem wahren Problem nicht auseinandersetzen, sondern verbarg es, indem sie Leidenschaft vortäuschte

DIE SACHE IN DIE HAND NEHMEN

TROST UND VERTRAUEN

Als Jan dies erkannt hatte, nahm er Antje sofort in den Arm. Er versprach, sie nicht zu enttäuschen, und erklärte ihr, daß sie nicht mit Hilfe des Vibrators auf Distanz zu ihm gehen müsse. Antje klammerte sich an ihn und zitterte, als sie sich entspannte. An diesem Abend liebte sich das Paar leidenschaftlich.

ERKENNTNIS

Jan wurde wütend und begann einen Streit mit ihr. Antje erklärte, daß der Vibrator sie nicht so enttäusche, wie das bei Männern der Fall sei, und daß es selbstsüchtig sei, ihr überhaupt solche Fragen zu stellen. Da erinnerte sich Jan an die Frage in einer Therapiesitzung nach Antjes Selbstsicherheit. Damals wußte er keine Antwort, doch jetzt erkannte er ihre eigentliche Unsicherheit.

Jan zeigte seine wahren Gefühle für Antje, indem er leidenschaftlich und zärtlich war

Antje, die sich nun entspannen konnte, gab sich Jan hin und bewies, daß sie ihm vertraute

KÖRPERKONTAKT

Berührungen sind ein wichtiger Teil liebevoller Beziehungen. Sie wirken beruhigend und tröstend, bieten Vergnügen und können sogar als Sprache eingesetzt werden. Zärtliches Streicheln bedeutet beispielsweise »Ich liebe dich«, und mit einer freundschaftlichen Umarmung sagen wir: »Ich mag dich und freue mich, dich zu sehen.«

Wenn wir Glück haben, setzen wir und unsere Partner Berührungen spontan und kreativ ein. Fast instinktiv streicheln wir den Arm eines geliebten Menschen, gehen Hand in Hand spazieren oder legen den Arm um den Partner. Wir tun dies wahrscheinlich ganz unbewußt, weil wir von Eltern erzogen wurden, die sich umarmten und sich ihre Zuneigung durch vielerlei Berührungen zeigten, und wir ihrem Beispiel folgen. Doch leider hatte nicht jeder dieses Glück. Männer und Frauen, in deren Elternhaus es an dieser Wärme fehlte, müssen deshalb erst lernen, wie man Berührungen einsetzt.

KÖRPERKONTAKT IM BETT VERBESSERN

Wenn Sie nicht gelernt haben, Sinnlichkeit zu zeigen, brauchen Sie möglicherweise Hilfe, um Ihre Techniken im Liebesspiel verbessern zu können. Obwohl Sex nicht der einzige Faktor ist, von dem eine Beziehung abhängt, ist es im allgemeinen so, daß eine Beziehung im Kern ausgehöhlt wird, wenn es mit der Sexualität (oder auch Sinnlichkeit) nicht klappt. Wenn Sie es hassen, Dinge vorauszuplanen, werden Sie Ihrem Partner wahrscheinlich nicht vorher ankündigen, daß Sie ihn heute nur massieren, aber nicht mit ihm schlafen werden. Und Sie werden das abendliche Ritual ganz allmählich verändern. Versuchen Sie beispielsweise, Ihren Partner mit dem ganzen Körper zu umarmen. Wenn er darauf reagiert, ist das wunderbar. Wenn Sie normalerweise nicht miteinander schmusen, versuchen Sie, die Löffelposition einzunehmen. Kuscheln Sie sich an den Rücken Ihres Partners, legen Sie dabei die Arme um seine Taille und ahmen Sie sein Atmungsmuster nach.

Eine Beziehung durch Körperkontakt, speziell intime Berührungen, neu zu beleben, kann viel Spaß machen und lohnt sich.

EINE MASSAGE ANBIETEN

Sie können den Geschlechtsverkehr auch durch eine erotische Massage ersetzen. Damit Sie beide in den Genuß dieser sinnlichen Erfahrung kommen, sollten Sie vorher vereinbaren, daß Sie sich abwechseln werden. Wenn nur ein Partner sinnliches Vergnügen empfängt, während der andere nur gibt, gerät die Beziehung aus

KÖRPERKONTAKT

dem Gleichgewicht und der Gebende nimmt dies übel. Es ist kein Zufall, daß Massagen in vielen Sexualtherapien eingesetzt werden. Denn damit können Sie lernen, im Bett miteinander zu kommunizieren. Die Stimulation konzentriert sich auf Bereiche, an denen man gerne berührt wird, so daß körperliche Empfindungen verstärkt werden. Sie werden plötzlich viel liebevollere Gefühle füreinander entwickeln, was sich positiv auf Ihr Zusammenleben auswirken wird.

DIE VORBEREITUNG EINER MASSAGE

Achten Sie darauf, daß das Zimmer, in dem die Massage stattfinden soll, warm ist, daß es nirgendwo zieht und daß Sie nicht gestört werden (schließen Sie nötigenfalls die Tür ab). Damit die Massage auch Wirkung zeigt, sollte der empfangende Partner auf einer festen Unterlage liegen, denn die Betten sind in der Regel zu weich. Breiten Sie lieber angewärmte Handtücher auf dem Boden aus und stellen Sie die Flasche mit dem Massageöl, die in einer kleinen Schüssel mit warmem Wasser ebenfalls vorgewärmt wurde, griffbereit hin. Achten Sie darauf, daß Ihre Hände sauber und warm und Ihre Fingernägel nicht eingerissen sind oder scharfe Kanten haben.

MASSAGEGRIFFE

Die drei grundlegenden Massagegriffe sind das Umkreisen, das Schwimmen und das Kneten. Das Umkreisen kann in fast jedem Körperbereich eingesetzt werden, besonders wirkungsvoll ist es allerdings an den fleischigen Bereichen. Zum Umkreisen legt man beide Hände mit den Handflächen auf den Körper und bewegt sie von der Wirbelsäule weg kreisförmig nach außen. Schwimmende Bewegungen können auf allen fleischigen Körperbereichen, einschließlich der Pobacken, nach oben und unten durchgeführt werden. Bewegen Sie die Handflächen kreisförmig, aber in entgegengesetzten Richtungen. Die Pobacken sollte man dabei so oft wie möglich mit einbeziehen, da sie mit zu den erogensten Körperbereichen gehören. Beim Kneten stellen Sie sich vor, das Fleisch Ihres Partners sei so weich wie ein Teig. Kneten Sie das Gewebe zwischen Fingern und Daumen, wobei Sie rhythmisch drücken und loslassen. Wenn Sie diese Technik etwas geübt haben, werden Sie das Fleisch so kneten können, daß es von einer Hand zur anderen in einer wellenförmigen Bewegung verläuft. Je fleischiger der massierte Körperbereich ist, desto tiefer kann man kneten. Damit eine solche Massage wirklich zu einer sinnlichen Erfahrung wird, muß der ausgeübte Druck verändert werden. Beginnen Sie jede Berührung mit starkem Druck, und jedesmal, wenn Sie die Berührung wiederholen, reduzieren Sie den Druck, bis Sie nur noch mit einer ganz leichten Berührung der Fingerspitzen massieren. Zum Schluß streicheln Sie den gesamten Körper Ihres Partners mit den Fingernägeln. Beginnen Sie mit kreisförmigen Bewegungen, führen Sie diese dann nach oben und zur Seite aus, wobei Sie die Dauer der Berührungen variieren.

WÄRME

Wenn es Ihnen schwerfällt, Ihre Gefühle körperlich auszudrücken, versuchen Sie es einmal mit folgenden Vorschlägen:
- Schauen Sie einander länger als üblich in die Augen.
- Setzen Sie sich näher zueinander hin als gewöhnlich.
- Lächeln Sie sich häufiger als sonst an.
- Suchen Sie sanften, zärtlichen Kontakt, indem Sie Händchen halten oder einander in den Arm nehmen.

KÖRPERKONTAKT EINSETZEN

Durch Körperkontakt konnten sich Andrew und Vicki (siehe Seite 102–105) ihre Empfindungen zeigen und retteten so ihre Beziehung.

KÖRPERSPRACHE

AUSEINANDERDRIFTEN

Wenn zwei sich liebende Menschen feststellen müssen, daß sie sich auseinanderleben, muß das nicht unbedingt nur die emotionale Seite betreffen. Andrew und Vicki waren beide vielbeschäftigt und bedauerten, daß sie dadurch im Grunde gar keine Zeit mehr für ihr Liebesspiel hatten.

GESTOHLENE ZEIT

Wenn Sie in einem Elternhaus aufgewachsen sind, in dem die Eltern jeden Augenblick miteinander verbrachten, ist es sicherlich ein Schock für Sie, eines Morgens aufzuwachen und zu realisieren, daß Sie den Partner, mit dem Sie zusammenleben, bereits seit mehr als drei Wochen nicht mehr gesehen haben. Wenn man wie in Vickis Fall häufig auf Geschäftsreisen ist, verbringt man sehr viel weniger Zeit zu Hause, als man eigentlich möchte. »Aber zumindest meine Rückkehr war immer aufregend«, berichtete Vicki. »Es war toll, wenn ich das Haus betrat und Andrew bereits im Bett auf mich wartete.«

BERUFLICHE BELASTUNG

Häufige und lange Abwesenheit von zu Hause kann die Beziehung belasten. Vicki wirkte traurig, als sie weiter sprach: »Ich bin landesweit für Ausstellungen verantwortlich und daher ständig unterwegs. Wenn ich mich gerade zu Hause eingewöhnt habe und sich unser Sexualleben eingependelt hat, muß ich schon wieder auf die nächste Reise. Es fällt mir dann sehr schwer, Andrew zurückzulassen.«

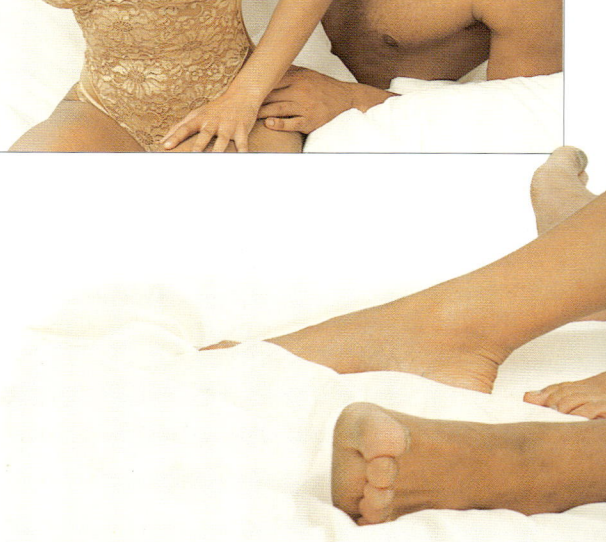

AUSEINANDERDRIFTEN

ANPASSUNGSSCHWIERIGKEITEN
Vicki fühlte sich aufgrund ihrer häufigen Abwesenheit so unwohl, daß sie ihre Arbeitszeit umstellte. »Trotzdem fällt es uns sehr schwer, unserem Liebesleben neuen Glanz zu geben.«

Distanz kann weitere Probleme verursachen, selbst wenn das ursprüngliche Problem gelöst wurde

UNSICHERHEIT
Andrew sah die Sache etwas anders. »Am Anfang hatten Vicki und ich ein sehr gutes Sexualleben, aber es verschlechterte sich, als sie bei mir einzog. Ich war völlig überrascht, als sie plötzlich mit ihrem Gepäck vor mir stand. Ich hatte noch nie mit jemandem zusammengelebt und war mir nicht sicher, ob ich dazu bereit war. Aber als wir darüber redeten, erkannte ich, wie sehr ich mir wünsche, daß unsere Beziehung funktioniert.«

Mit liebevoller Intimität lassen sich viele Probleme überwinden

KÖRPERSPRACHE

Neuerwachendes Verlangen

Andrews Eingeständnis, daß er von Vickis Einzug bei ihm überrascht worden war und dann mit Wut auf ihr ständiges Kommen und Gehen reagiert hatte, brachte ihn zu der Erkenntnis, daß er sich eine funktionierende Beziehung wünschte.

PASSIVER WIDERSTAND
Indem Andrew hinnahm, daß sie nicht mehr so häufig miteinander schliefen, und nichts tat, um etwas daran zu ändern, übte er in gewisser Weise passiven Widerstand aus, ein Verhalten, das er in seiner Kindheit erlernt hatte. Er gab dies zu und erkannte, daß diese Reaktion eigentlich gar nicht seinen Gefühlen Vicki gegenüber entsprach. »Ich würde sehr gerne wieder mit dir schlafen«, sagte er zu ihr. Vicki begann zu weinen, als sie dies hörte und seine wahren Gefühle für sie entdeckte.

Wenn Sie lange Haare haben, können Sie sie über Brust und Bauch des Partners gleiten lassen

Überlassen Sie Ihren Körper ganz dem Partner und entspannen Sie sich

Streicheln Sie den Körper Ihres Partners sanft mit den Fingerspitzen

SICH GEGENSEITIG VERGNÜGEN BEREITEN

Beide erkannten, daß ihnen die Wiederaufnahme des Geschlechtsverkehrs schwerfallen könnte, und vereinbarten, zu Anfang nur sinnliche Berührungen einzusetzen. Sie begannen mit erotischer Massage und gemeinsamer Masturbation. So konnten sie ihre körperliche Beziehung neu beleben.

Durch intime Massagen sollte sich das Liebesleben wieder aktivieren lassen

ANMERKUNGEN ZUM FALL

ANDREW UND VICKI

Als ihr Sexualleben fast zum Erliegen gekommen war, glaubte Vicki, das liege an ihren häufigen Geschäftsreisen. Sie verstand nicht, warum sich die Situation nicht besserte, als sie mehr Zeit zu Hause verbrachte, und war froh, als sie durch die Beratung lernte, wie sie mit dem Problem umgehen konnte. Es kann schwerfallen, die körperliche Seite einer Beziehung neu zu beleben, wenn sie nicht mehr vorhanden ist. Massagen (siehe Seite 101 und 106) und Masturbation gaben Andrew und Vicki Zeit, einander wiederzuentdecken, ohne gleich miteinander schlafen zu müssen.

WIEDER GLÜCKLICH

Sechs Wochen später erklärten Andrew und Vicki einmütig, daß die sinnlichen Berührungen von Erfolg gekrönt gewesen waren. Nach einer Woche begannen sie wieder, miteinander zu schlafen.

ÜBUNGSPLAN

 WENN SIE LERNEN, die Körpersprache Ihres Partners zu verstehen, reichen selbst winzige Signale aus, und Sie erkennen, daß er mit irgend etwas unzufrieden ist. Sie werden sich auch bewußt, was Sie anderen durch Ihre Körpersprache sagen. Denken Sie daran: Die direkteste Form der Körpersprache – nämlich Berührung – bietet eine wunderbare Möglichkeit, dem Partner liebevolle Gefühle mitzuteilen.

KÖRPERSPRACHE IM BETT

Wie nah Sie Ihrem Partner körperlich kommen, weist oft darauf hin, wie nah Sie sich ihm insgesamt fühlen. Bei Menschen, die gut miteinander harmonieren, spiegelt sich dies oft in einer ähnlichen Körperhaltung wider. Das Erlernen der Körpersprache erweist sich vor allem für das Intimleben als nützlich, weil nicht selten bestimmte Gesten eingesetzt werden, um Absichten und Wünsche auszudrücken, über die es einem peinlich ist zu sprechen.

Achten Sie auf die verräterischen Zeichen eines Menschen, der wahrscheinlich nicht nach sexueller Intimität sucht. Vielleicht zieht er seine Arme oder Beine nah an den Körper heran, meidet den Blickkontakt und setzt möglicherweise sogar eine echte »Barriere« ein, indem er beispielsweise ein Buch vors Gesicht hält. Schüchternes Verhalten kann ebenfalls dazu dienen, den anderen fernzuhalten. Beispiele für eine ermutigende oder entmutigende Körpersprache können folgendermaßen aussehen:

- *Liegt Ihr Partner lächelnd und mit weit geöffneten Armen im Bett, bietet er Ihnen vielleicht eine Umarmung an.*
- *Wenn Ihr Partner am Bettrand sitzt, mit gerunzelter Stirn auf den Boden schaut, den Kopf mit der Hand abstützt und die Arme eng am Körper hält, können Sie davon ausgehen, daß er nervös ist und jetzt lieber nicht sexuell aktiv werden möchte.*

Dies sind nicht die einzigen Reaktionsmöglichkeiten, aber die häufigsten. Ihre Fähigkeit, sie zu interpretieren, hängt nicht nur von der Körpersprache ab, sondern auch davon, wie gut Sie Ihren Partner kennen.

EROTISCHE MASSAGEN

Setzen Sie die drei Grundgriffe Umkreisen, Schwimmen und Kneten (siehe Seite 101) ein, und bieten Sie Ihrem Partner eine einfache Massage an. Wenn Sie sich dabei wohl fühlen und sich gegenseitig vertrauensvoll berühren können, bietet sich die Möglichkeit, weitere erotische Mittel einzusetzen:

- Geben Sie Ihrem Partner eine Kopfmassage.
- *Umkreisen Sie langsam mit einer Fingerspitze das Innere des Ohres entlang seiner Umrißlinie.*
- Atmen Sie sanft in das Ohr Ihres Partners.
- *Hauchen Sie Ihren Atem in seinen Nacken.*
- Fahren Sie mit den Fingernägeln über die Arminnenseiten.
- *Umkreisen Sie die Brustwarzen und den Warzenhof mit dem Fingernagel.*
- *Drücken Sie sanft die Brustwarzen.*
- Streicheln Sie über die Seiten der Brust.
- Hauchen Sie auf die Brustwarzen.
- *Wenn Sie langes Haar haben, streifen Sie damit über den Bauch Ihres Partners.*
- *Umkreisen Sie den Bauch mit den Fingerspitzen.*
- Fahren Sie mit den Fingerspitzen die Schenkelinnenseiten bis zu den Genitalien hinauf.
- *Wiederholen Sie diese Berührung, berühren Sie diesmal aber auch kurz die Genitalien.*
- Massieren Sie die Handfläche Ihres Partners.
- *Umkreisen Sie die Handflächen mit den Fingerspitzen.*
- *Ziehen Sie einen Finger sanft und langsam durch die Zehenzwischenräume.*

Konzentrieren Sie sich auf Berührungen, die Ihr Partner besonders mag, und hören Sie sofort auf, wenn er andeutet, daß er sich dabei nicht wohl fühlt.

GRÖSSERE
INTIMITÄT

Vertrauen und Ehrlichkeit sind dafür verantwortlich, wie sich eine Beziehung entwickelt. Fehlen diese beiden Faktoren, brauchen Sie wahrscheinlich Hilfe, um eine Umgebung zu schaffen, in der diese Eigenschaften und somit auch Ihre Beziehung gedeihen können.

Soziale und Sexuelle Faktoren

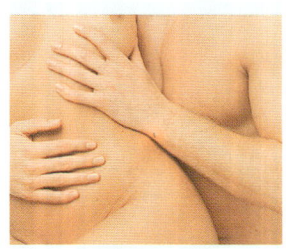

Viele von uns hängen dem Irrglauben an, Intimität habe nur mit Sex zu tun. Doch wenn Sie dieses Buch bis hierher gelesen haben, sollte Ihnen klar geworden sein, daß Intimität die gesamte Beziehung umfaßt. Und wahrscheinlich ist Ihnen auch bewußt geworden, daß Probleme in anderen Bereichen Ihrer Beziehung Auswirkungen darauf haben, was im Bett geschieht.

Dieses Kapitel beschäftigt sich mit der Frage, wie sich die sexuelle Intimität zwischen zwei Menschen mit der Zeit durch äußere Einflüsse, beispielsweise durch den Beruf, verändern kann, und wie sexuelle Mythen und Unwissen Ihr Liebesleben behindern können. Eine Antwort darauf kann uns die Theorie des sogenannten soziologischen Reaktionszyklus liefern, die vom Institute for the Advanced Study of Human Sexuality in San Francisco erarbeitet wurde. Dieser Theorie zufolge verläuft der soziologische Reaktionszyklus parallel und ungefähr zeitgleich zum sexuellen Reaktionszyklus (*siehe Seite 116*). Das heißt, um jemanden körperlich lieben zu können, muß man Beziehungen eingehen. Der soziologische Reaktionszyklus setzt sich aus vier Hauptkomponenten zusammen, nämlich vager Unruhe, Optionen, Verhandlungen und Erwartungen. Das klingt sehr kompliziert, ist aber eigentlich ziemlich einfach.

Vage Unruhe

In dieser Phase des soziologischen Reaktionszyklus wird sich der Mann oder die Frau seiner oder ihrer Möglichkeiten und Optionen bewußt. Er oder sie braucht andere Menschen (Partner) und muß eine Beziehung mit ihnen eingehen. Dazu muß er seine verfügbaren Optionen weiter untersuchen.

Optionen

Jeder Mensch hat Optionen, das heißt die Wahlmöglichkeiten, die ihm offenstehen und die er sich selbst zugesteht. Dies trifft sowohl auf die Sexualität als auch auf seine soziale Umgebung zu, und man kann lernen, seine Optionen zu erweitern und damit sein Sexualleben zu verbessern. Eine sexuelle Option besteht beispielsweise darin, sich bewußt zu machen, daß man das Liebesspiel nicht ausschließlich auf den Genitalbereich beschränken muß, sondern es auf die verschie-

Verhandlungen und ihre Bedeutung

Nachdem Sie Ihre Optionen überprüft und beschlossen haben, aktiv zu werden, beginnen Sie mit den Verhandlungen. Die daraus resultierende Vereinbarung, die Sie mit einem Partner bewußt oder unbewußt eingehen, entscheidet über die Qualität Ihrer sexuellen Beziehung. Natürlich haben neben den eigenen auch die Optionen Ihres Partners Auswirkungen auf die Verhandlungen, und Sie müssen bereit sein, Ihre Optionen zu überprüfen, falls sie mit denen Ihres Partners kollidieren. Verhandlungen können wichtig sein, wenn es darum geht, ein eintöniges, festgefahrenes Sexualleben wieder interessant zu gestalten. Es genügt nicht, einfach nur dazuliegen und das Ganze über sich ergehen zu lassen. Das ist nicht nur unbefriedigend, sondern zeigt auch mangelndes Verhandlungsgeschick, da die Strategie überhaupt nicht durchdacht wurde. In manchen Fällen betrachten Männer, die unter vorzeitigem Samenerguß leiden, Sex als eine Sache, die es schnell und vielleicht sogar heimlich zu erledigen gilt. Der Betroffene wird nicht viel Wert auf Verhandlungen mit seiner Partnerin legen, was in doppelter Hinsicht traurig ist, da es sich bei der vorzeitigen Ejakulation um ein sexuelles Problem handelt, das sich relativ leicht beheben läßt. Bei ungewöhnlichen sexuellen Wünschen sind oft keine Verhandlungen möglich. Ein Voyeur oder jemand, der obszöne Telefonanrufe durchführt, dringt unerlaubt in die Privatsphäre eines anderen Menschen ein. In solchen Situationen sind Verhandlungen bereits zum Scheitern verurteilt, bevor sie überhaupt begonnen haben. Man kann nicht mit Gewalt und Zwang zu einer »Vereinbarung« gelangen.

Erwartungen

Unrealistische Erwartungen auf beiden Seiten können die Qualität der gesamten Beziehung beeinträchtigen (*siehe Seite 20–25*). Es ist beispielsweise unrealistisch zu erwarten, daß sich ein anderer neue Ziele steckt, nur weil man dies selbst tut. Eine Frau, die das Interesse am Sex verliert, weil ihr Partner sich weigert, sie zu schwängern (sie haben einmal vor langer Zeit vereinbart, keine Kinder zu bekommen), verhält sich unvernünftig und unfair. Denn er hält nur an einer Vereinbarung fest, die beide zu Anfang ihrer Beziehung einmal getroffen haben.

Sexuelle Intimität
Gelingt es einem Paar ein enges und gutes Vertrauensverhältnis aufzubauen, wird sich das auf viele Bereiche der Beziehung – nicht zuletzt auf die Qualität ihrer Kommunikation und das Liebesspiel – positiv auswirken.

Suche nach Intimität

Sexuelle Intimität ist das innige Gefühl, zu lieben und geliebt zu werden, und macht den Kern einer Beziehung aus. Geht Intimität in einer Beziehung verloren, fehlt uns etwas ganz Wesentliches; denn es heißt nicht von ungefähr, daß man an der Art, wie zwei Partner im Bett miteinander umgehen, auf das Zusammenspiel in anderen Bereichen der Ehe schließen kann.

Wie wir bereits gesehen haben, wird unsere Einstellung zur Sexualität bereits im Kindesalter geprägt. Familiäre Überzeugungen, erlernte Moralvorstellungen und Erfahrung tragen dazu bei, wie erfolgreich wir Intimität anbieten und annehmen können. Der Wunsch nach Intimität kann beispielsweise einen Mann, der feststellt, daß er impotent ist, dazu veranlassen, seiner Frau seine Liebe durch Küsse und Streicheln zu beweisen. Das zeigt, daß ihre Beziehung stark genug ist, um auch schwere Zeiten zu überstehen.

Dient ihm seine Impotenz hingegen als Vorwand, um seine Frau sexuell nicht mehr berühren zu müssen, kann man davon ausgehen, daß Liebe und Intimität bei diesen Partnern kaum noch vorhanden sind. Viele Paare, selbst wenn sie in einer stabilen und liebevollen Beziehung leben, eine gute Ehe führen und ein erfülltes Sexualleben haben, suchen noch nach etwas anderem, wissen aber nicht genau, was das eigentlich ist. Unterschwellige Unzufriedenheit ist etwas Heimtückisches. Denn bevor Sie sich dessen so richtig bewußt geworden sind, setzen Sie möglicherweise eine gute Ehe wegen einer bedeutungslosen Affäre aufs Spiel.

Höhen und Tiefen

Charles Handy, ein Wirtschaftswissenschaftler, hat festgestellt, daß man in Geschäftsbeziehungen häufig an einen Punkt kommt, an dem sich die beteiligten Parteien auf etwas Neues vorbereiten sollten, obwohl die gegenwärtige Aktivität noch erfolgreich ist. Der Grund dafür ist, daß es in jeder Art von Beziehung Wachstumsperioden, Spitzen und Phasen des Niedergangs gibt. In der graphischen Darstellung ergeben diese Höhen und Tiefen eine S-Kurve. Es mag traurig stimmen, daß sich alle Beziehungen schließlich nach unten neigen, doch Handy meint: »Glücklicherweise geht das Leben nach der Kurve weiter. Das Geheimnis konstanten Wachstums besteht darin, eine neue S-Kurve zu beginnen, bevor die erste allmählich zu Ende geht.« Es ist wichtig, daß sie an der richtigen Stelle ansetzt, nämlich kurz bevor die erste Kurve ihren Höhepunkt erreicht. Handy vertritt die Auffassung, daß jede Beziehung eine zweite Kurve braucht (viel zu oft halten Paare

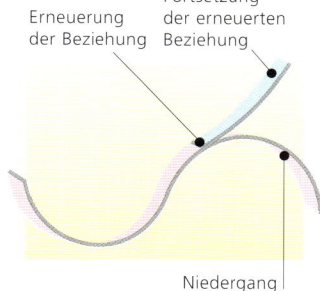

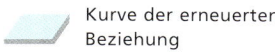

Die S-Kurve
In jeder Beziehung gibt es Wachstumsperioden, Spitzen und Phasen des Niedergangs. In der graphischen Darstellung ergeben diese Höhen und Tiefen eine S-Kurve. Wird die Beziehung erneuert, bevor sich die Kurve nach unten neigt, setzt eine zweite, nach oben führende Kurve ein.

an alten Gewohnheiten fest), doch er räumt ein, daß die Umstellung schwierig sein kann, besonders dann, wenn man versucht, die positiven Bereiche der alten Kurve in die sinnvollen Aspekte der neuen Kurve zu integrieren.

ANWENDUNG DER S-KURVE

Obwohl Handy keine praktischen Anwendungsmöglichkeiten anbietet, läßt sich die emotionale Einstellung, die wir brauchen, um uns mit der eigenen Beziehung in ähnlicher Weise auseinanderzusetzen, an zwei Beispielen aus der Gruppentherapie veranschaulichen. Eine Frau, die seit sieben Jahren verheiratet war, wollte in ein neues Haus umziehen. Ihr Mann weigerte sich, da er meinte, ihr jetziges Haus sei groß genug. Ihm war dabei jedoch nicht bewußt, daß seine Frau eigentlich den Wunsch nach Veränderung äußerte und sich nicht nur ein neues Heim wünschte. Ihre Beziehungskurve verlief weiter nach unten, und die Ehe zerbrach. Eine andere Frau, die sich in derselben Situation befand, wurde von ihrem Mann gebeten, in sich hineinzuhorchen. Er hatte gespürt, daß ihre Ruhelosigkeit nichts mit ihrem derzeitigen Wohnort zu tun hatte. Sie überlegte und kam zu dem Schluß, daß er recht hatte. Ihre Überlegungen führten zum Beginn der zweiten, nach oben führenden Kurve ihrer Beziehung. Im letzten Fall fand das Paar durch die zweite Kurve zu noch größerer Nähe, da beide ehrlich zueinander waren und sich vertrauten. Es bedurfte zwar harter Arbeit, bis sie zu einem erfüllteren Leben gelangten, aber der Halt, den sie sich gegenseitig gaben, ließ sie zuversichtlicher in die gemeinsame Zukunft blicken. Außerdem hatten sie das Gefühl, daß sich ihr Sexualleben verbessert hatte. Wie Anna und Robert (*siehe Seite 112–115*) konnten sie ihre Beziehung sogar verbessern, indem sie sich statt auf einen bequemen Ersatz auf das eigentliche Problem konzentrierten.

SEX UND INTIMITÄT

Um mit dem Verlangen nach sexueller Abwechslung fertig zu werden, muß man sich vor Augen führen, daß an der Beziehung zum Partner etwas nicht in Ordnung ist, selbst wenn man nicht weiß, was es sein könnte. Auch wenn Sie sich gut kennen und einander vertrauen, mangelt es möglicherweise an Intimität. Um sie wiederzugewinnen, müssen Sie sich vielleicht Ihre Liebe erneut bestätigen. Diese Liebe mag zwar noch vorhanden sein, aber Sie haben sie einfach schon lange nicht mehr in Worte gefaßt. Sprechen Sie auch über mögliche Zweifel und über Ihre Gefühle, auch wenn diese schmerzhaft sind. Wenn Sie dazu in der Lage sind und erkennen, daß Ihr Partner Sie trotz Ihrer Ängste liebt, wird der Kern Ihrer Beziehung erneuert. Natürlich gehen Sie dabei ein gewisses Risiko ein, aber anders werden Sie dieses besondere Gefühl kaum wiedererlangen. Die Schwierigkeit besteht darin, den richtigen Zeitpunkt für die Überprüfung Ihrer Liebe und Ihres Sexuallebens zu finden. Denn wenn Sie warten, bis eine gewisse Ruhelosigkeit einsetzt, könnte es bereits zu spät sein.

INTIMITÄT ERNEUERN
Anna und Robert (siehe Seite 112–115) konnten ihre Beziehung retten, als sie die wahren Ursache ihrer Probleme erkannten und sie in Angriff nahmen.

GRÖSSERE INTIMITÄT

ZU MÜDE FÜR SEX

Zieht einer der Partner – aus welchen Gründen auch immer – ins Gästezimmer um, lassen damit manchmal leider auch die zärtlichen Gefühle nach. So war es auch bei Anna, die immer unglücklicher wurde, weil sie das Gefühl hatte, ihren Partner Robert zu verlieren.

SCHLAFSTÖRUNGEN

Bisweilen sind Probleme mit der Intimität, die emotionale Ursachen zu haben scheinen, auf körperliche Veränderungen zurückzuführen. Schlafstörungen beispielsweise können auf Spannungen zwischen den Partnern zurückzuführen sein, aber auch durch die Wechseljahre oder so etwas Unromantisches wie Verdauungsstörungen verursacht werden.

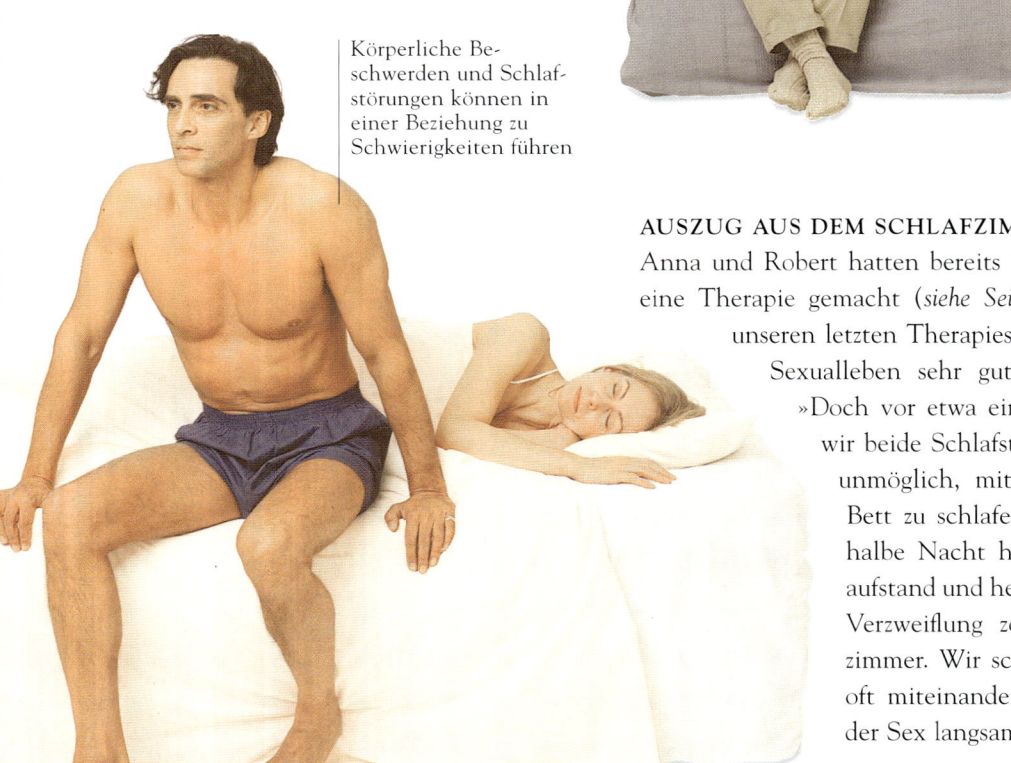

Körperliche Beschwerden und Schlafstörungen können in einer Beziehung zu Schwierigkeiten führen

AUSZUG AUS DEM SCHLAFZIMMER

Anna und Robert hatten bereits vor einigen Jahren eine Therapie gemacht (*siehe Seite 40–43*). »Nach unseren letzten Therapiesitzungen war unser Sexualleben sehr gut«, erzählte Anna. »Doch vor etwa einem Jahr bekamen wir beide Schlafstörungen. Es wurde unmöglich, mit Robert in einem Bett zu schlafen, weil er sich die halbe Nacht herumwälzte, häufig aufstand und herumlief. Aus reiner Verzweiflung zog ich ins Gästezimmer. Wir schliefen noch recht oft miteinander, aber dann hörte der Sex langsam auf.«

ZU MÜDE FÜR SEX

AUSEINANDERDRIFTEN

»Allein zu schlafen, half uns beiden zunächst«, fuhr Anna fort. »Doch als wir keinen Sex mehr hatten, wußte ich nicht, ob es an mir oder an Robert lag. Die Sache verschlimmerte sich noch, als ich selbst Schlafprobleme bekam. Ich bin jetzt ständig müde, habe nie Lust auf Sex, und es fällt mir viel schwerer, zum Höhepunkt zu kommen. Ich fühle mich nach dem Sex sehr zu Robert hingezogen, aber langsam läßt das Gefühl von Wärme zwischen uns nach. Es ist ihm sogar unangenehm, wenn ich seinen Körper sehe. Ich vermisse unsere frühere Intimität sehr.«

ZÄRTLICHE ERINNERUNGEN

Robert waren die Worte seiner Frau peinlich. »Natürlich haben wir nicht mehr so häufig Sex wie früher, aber das liegt wahrscheinlich einfach daran, daß wir älter werden, was nicht heißen soll, daß ich das nicht ändern möchte. Doch wegen meiner Magenbeschwerden ist es einfach unmöglich.«

Zärtliche Erinnerungen an die gemeinsamen guten Zeiten spornten Anna und Robert an, aktiv zu werden

GRÖSSERE INTIMITÄT

Das Verlangen wiedererwecken

Anna und Robert überlegten, welche Gründe es wohl für ihre Schlaflosigkeit gab, und nach einer medizinischen Behandlung fanden sie bald die Liebe und Intimität wieder, die ihrem Sexualleben gefehlt hatte.

GESUNDHEITLICHE PROBLEME

Weder Anna noch Robert hatten wegen ihrer Schlafstörungen den Arzt aufgesucht, und Robert hatte sich auch nicht wegen seiner chronischen Verdauungsprobleme untersuchen lassen. Er war nicht auf die Idee gekommen, daß es sich um etwas anderes als einen Alterungsprozeß handeln könnte. Und auch Anna hatte, obwohl sie eine Frau in den Vierzigern war, die Wechseljahre nicht als Ursache ihres Problems in Betracht gezogen. (Tests ergaben außerdem, daß Robert unter einem Zwölffingerdarmgeschwür litt.)

Anna fühlte sich bald wie neugeboren und erlebte wieder ein Verlangen, wie sie es lange nicht mehr gekannt hatte

DIE RICHTIGE BEHANDLUNG

Eine Diät und Medikamente halfen Robert, besser zu schlafen. Außerdem begann er, regelmäßig Sport zu treiben, um fitter zu werden. Blutuntersuchungen bei Anna ergaben, daß ihr Östrogenspiegel niedrig war, und ihre Ärztin verschrieb ihr die entsprechenden Medikamente. Nach nur drei Monaten fühlte sie sich wie neugeboren, und nach einer Eheberatung beschloß sie, sofort wieder ins eheliche Schlafzimmer einzuziehen.

DAS VERLANGEN WIEDERERWECKEN

INTIME MASSAGE

Dieses Paar brauchte im Grunde nicht viel Hilfe. Doch da ihr sexuelles Selbstbewußtsein nachgelassen hatte, würden erotische Massagen (siehe Seite 101 und 106) beiden guttun. Sie gaben ihnen die Möglichkeit, wieder intimen, körperlichen Kontakt miteinander aufzunehmen, ohne sich deshalb befangen fühlen zu müssen. Drei Monate später war die sexuelle Intimität wiederhergestellt. Ein positiver Nebeneffekt war, daß sie sich seit Jahren zum erstenmal körperlich wieder fit und wohl fühlten.

ANMERKUNGEN ZUM FALL

ANNA UND ROBERT

Viele Menschen in mittlerem Alter glauben, Veränderungen in Gesundheit, Fitneß oder im sexuellen Verlangen seien einfach auf den Alterungsprozeß zurückzuführen und meinen, daß man nichts dagegen unternehmen könne. Wie Anna und Robert feststellen konnten, stimmt das aber nicht. Viele Beschwerden lassen sich ganz leicht beheben – man sollte sie also nicht einfach ignorieren und sich dadurch das Leben vergällen lassen. (Ignoriert man sie, können ernstzunehmende Krankheiten entstehen.)

Glücklicherweise konnten Annas und Roberts gesundheitliche Probleme erfolgreich behandelt werden. Anschließend konnten sie ihr Sexualleben mit Hilfe von Massage (siehe Seite 101 und 106) und der »Kleine Schritte«-Übung (siehe Seite 122) problemlos wieder aufnehmen.

Medikamente, eine Ernährungsumstellung und Sport beseitigten nicht nur Roberts Schlafprobleme, sondern stellten auch seine Gesundheit und Libido wieder her

Östrogene brachten Annas Hormonhaushalt wieder ins Gleichgewicht und steigerten ihr sexuelles Verlangen

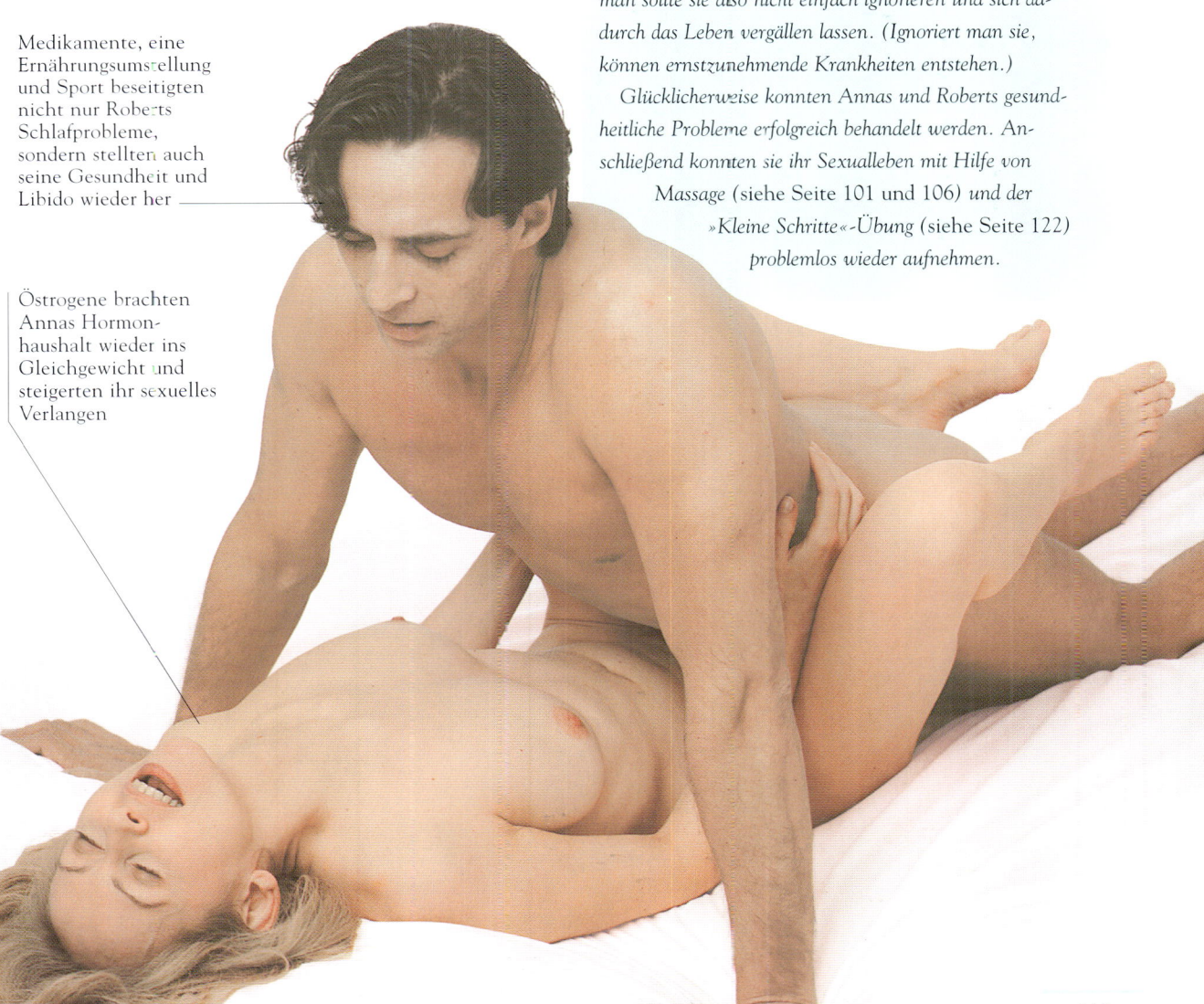

Die Intimität steigern

Mit zunehmendem Alter bauen wir alle möglichen Mißverständnisse und Mythen über Sex und Sexualität auf. Jeder entwickelt da so seine eigenen Vorstellungen. In der Partnerschaft kann dies zu Problemen führen, wenn einer der Partner glaubt, er und nicht die unrealistischen Erwartungen des anderen seien die Ursache für Schwierigkeiten im Sexualleben.

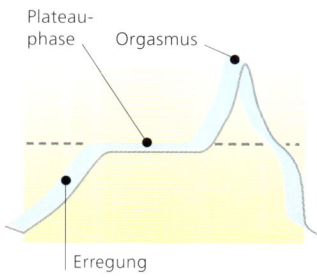

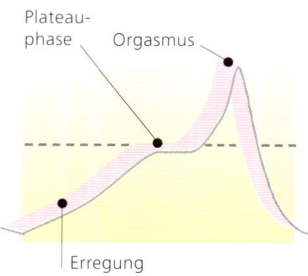

MANN   FRAU

SEXUELLE REAKTION
Männer und Frauen reagieren ganz unterschiedlich auf sexuelle Stimulierung. Männer haben eine relativ kurze Erregungszeit, auf die eine recht lange Plateauphase folgt. Frauen müssen in der Regel länger stimuliert werden. Es folgt eine kürzere Plateauphase, bevor sie zum Orgasmus kommen.

Viele von uns haben falsche Vorstellungen von der Sexualität. Häufig hört man beispielsweise, alle Frauen zeigten dieselben sexuellen Reaktionen und gelangten auf dieselbe Weise zum Höhepunkt, wenn ein bestimmtes Vorspiel ausgeführt wird. Andere gehen davon aus, daß Frauen dieselbe Stimulation brauchen wie Männer oder daß Masturbation blind, taub oder verrückt machen, ja sogar zum Tode führen kann. Natürlich stimmt das nicht – Masturbation kann körperliche Spannungen abbauen und bietet eine angenehme, sinnliche Erfahrung.

FALSCHE VORSTELLUNGEN AUSRÄUMEN

Wenn ein Partner falsche Vorstellungen von Sexualität hat, lassen sich Schwierigkeiten weitgehend vermeiden, wenn der andere genug Selbstbewußtsein hat, seine Unsicherheit oder Unzufriedenheit auszusprechen.

Weitverbreitete, unsinnige Ansichten, etwa die Vorstellung, Masturbation könne blind machen, werden oft zur Grundlage für Witze. Wenn auch Sie zu den vielen Menschen gehören, die glauben, Selbstbefriedigung sei gefährlich, stellen Sie möglicherweise fest, daß auch »normale« sexuelle Praktiken Ihnen Angst einjagen oder Sie irritieren. Als langweilig oder gehemmt zu gelten, kann genauso peinlich oder schmerzhaft sein wie die Erkenntnis, daß etwas, an das man geglaubt und wonach man jahrelang gelebt hat, in Wirklichkeit nur ein Irrglaube war.

Setzen Sie sich mit der Tatsache auseinander, daß Sie und Ihr Partner unter Umständen Vorstellungen über Sexualität haben, die auf Halbwahrheiten und der Dummheit anderer Menschen beruhen. Das bedeutet jedoch nicht, daß Sie die sexuellen Vorlieben eines anderen einfach für sich selbst als richtig übernehmen sollten.

SICH DER INTIMITÄT ÖFFNEN

Haben Sie den Entschluß gefaßt, mit Ihrem Partner über Ihre Ängste oder Unzufriedenheit zu sprechen, ist es wichtig, Ihre Einstellungen zur sexuellen Intimität nicht mit Einstellungen, die Sie zueinander haben, zu verwechseln. Für Julia und

DIE INTIMITÄT STEIGERN

Paul (*siehe Seite 118–121*) entstanden Probleme, als Julia erklärte, daß ihr bestimmte sexuelle Praktiken mißfielen, die in ihrem Leben zur Norm geworden waren. Paul empfand diese Eröffnung Julias wie eine Ohrfeige. Glücklicherweise bedeutete Julia ihm viel, und er entschied sich dafür, nachzufragen und sich vorsichtig an ihre Gefühle heranzutasten.

VERTRAUEN UND SEX

Offen über die eigene Einstellung zum Sex zu sprechen, kann sehr schwierig sein. Für die meisten Menschen ist das ein Thema, über das man kaum spricht, und es kann schwerfallen, das nötige Vertrauen aufzubauen, um sich seinem Partner zu offenbaren. Dabei ist wichtig, daß derjenige, der sich in dieser Situation stark fühlt, den möglicherweise weniger selbstsicheren Gefühlen des anderen mit Offenheit begegnet. Die Erregung, die durch wilden, leidenschaftlichen Sex erreicht wird, ist nicht unbedingt stimulierender als jene, die man bei einem zärtlichen und romantischen Liebesspiel erlebt. Manchmal können bestimmte Stimulierungen, die man vor Jahren als unbefriedigend aufgegeben hat, eine ganz andere Bedeutung bekommen, wenn man älter ist und sich stärker auf den Partner eingelassen hat.

DEM PARTNER VERTRAUEN

Damit eine Beziehung eine stabile Grundlage hat, müssen die Partner einander vertrauen. Muß einer der Partner fürchten, der andere werde seine Gefühle lächerlich machen oder verurteilen, wird es dem Betreffenden noch schwerer fallen, seine Ängste auszusprechen. Vielleicht meint er auch, seine sexuelle Unsicherheit oder Unerfahrenheit könne sich auch auf andere Bereiche der Beziehung auswirken – nach dem Motto: »Du bringst nichts im Bett, wie soll ich dann darauf vertrauen, daß du die Telefonrechnung pünktlich bezahlst?«

DIE FREUDE DER INTIMITÄT

Das Gefühl von Sicherheit in der Beziehung zum Partner kann eine solide Grundlage sein, auf der sich beide weiterentwickeln können. Wenn Sie wissen, daß der andere Sie unterstützt, fällt es Ihnen leichter, im Gegenzug ebenfalls Unterstützung anzubieten. Dieses gegenseitige Verständnis kann die körperliche und soziale Attraktivität auf ein großartiges Niveau heben. Die gegenseitige Sorge um das psychische und physische Wohlbefinden des jeweils anderen wird sich auch auf Ihre Beziehung auswirken. Wenn Sie und Ihr Partner ein gutes Maß an Intimität erreichen, genügt schon ein Blick oder ein Lächeln, um Ihre Zufriedenheit zu steigern oder zu festigen.

Bedenken Sie jedoch, daß das Vertrauen auch aufrechterhalten werden muß. Nehmen Sie sich die Zeit, das Vertrauensverhältnis zu pflegen, und geben Sie Ihrem Partner das Gefühl, ein ganz besonderer und wichtiger Mensch zu sein. Dann werden auch Intimität und Liebe gedeihen.

DER »RICHTIGE« HÖHEPUNKT?
Untersuchungen von Alfred Kinsey (1953) und Shere Hite (1978) zeigten, daß etwa 82 Prozent der Frauen zwar beim Masturbieren zum Orgasmus kommen, aber nur 30 Prozent beim Geschlechtsverkehr.

INTIME BERÜHRUNGEN
Paul und Julia (siehe Seite 118–121) mußten ihre unterschiedlichen Einstellungen zum Sex überdenken, um einen goldenen Mittelweg zu finden.

GRÖSSERE INTIMITÄT

GEGENSÄTZLICHE AUFFASSUNGEN

Manche Menschen lieben es, wenn es beim Sex heiß hergeht, während andere der Auffassung sind, das Liebesspiel müsse etwas »Reines« sein. Jeder hat das Recht auf eine eigene Meinung, doch wenn solche Gegensätze wie bei Paul und Julia aufeinandertreffen, wird das Gefühlsleben in Mitleidenschaft gezogen.

ZUVIEL ZU BALD
Manchmal scheint ein Partner zimperlich, arrogant oder einfach wählerisch, was die Sexualität angeht. Eine bereits abgeschlossene Therapie (*siehe Seite 28–31*) hatte bei Julia Ängste abgebaut, aber es hatte den Anschein, daß Paul – ermutigt durch Julias Fortschritte – seine Partnerin zu bald zu zuviel drängte.

EIN NEUES PROBLEM
Paul war es, der seine widerstrebende Partnerin zu einer weiteren Beratung drängte. »Ich liebe Julia, und ich weiß, daß sie mich liebt«, erklärte er. »Aber im Bett klappt es nicht mit uns. Wir hatten geglaubt, wir hätten Julias Ängste überwunden, aber jetzt gibt es ein neues Problem. Ich liebe es, wenn man beim Sex richtig ins Schwitzen kommt und wie von Sinnen ist, aber Julia haßt das.«

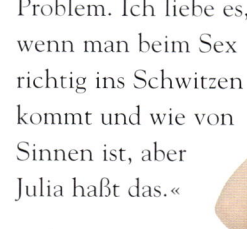

GEGENSÄTZLICHE AUFFASSUNGEN

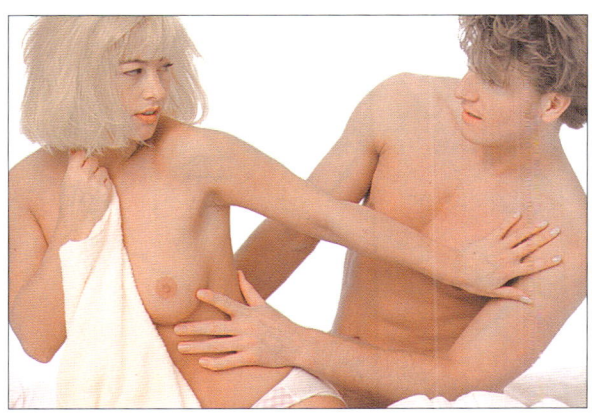

NICHT DAMENHAFT

»Julia hat sich bemüht, meine Wünsche zu akzeptieren, aber in der letzten Woche konnte sie es nicht mehr ertragen und rückte schließlich damit heraus, daß ihr das eigentlich am Sex mißfällt. Für mich war das wie eine Ohrfeige – schließlich macht gerade das guten Sex für mich aus. Julia meint tatsächlich, sie müsse im Bett wie eine Dame aussehen! Wir müssen unbedingt an diesem Problem arbeiten – ich kann diesen Konflikt einfach nicht ertragen.«

ANMERKUNGEN ZUM FALL

JULIA AND PAUL

Julias Abneigung gegenüber der wilden, leidenschaftlichen Seite der Sexualität war möglicherweise auf ihre Ängstlichkeit zurückzuführen (siehe Seite 28–31) und nicht auf eine Aversion. Die Lösung bestand – wie so oft bei gegensätzlichen Auffassungen – in einem Kompromiß. Nachdem sie sich für diesen Weg entschieden hatten, half Julia und Paul die einfache Übung zum Abbau von Hemmungen (siehe Seite 122), eine Reihe praktikabler Möglichkeiten zu entwickeln, die beide akzeptieren und mit denen sie arbeiten konnten.

Julias Vorstellungen über guten Sex unterschieden sich von denen Pauls

SEX NACH »SEINEM« GESCHMACK

Julia war trotz ihres neugewonnenen Selbstbewußtseins immer noch sehr nervös. »Ich genieße Sex genauso sehr wie Paul, aber für mich hat guter Sex mit Romantik, Zärtlichkeit und Anbetung zu tun. Aber Paul ist geradezu süchtig nach leidenschaftlicher Liebe. Natürlich ist mir klar, daß Sex variiert werden kann, aber das Problem besteht darin, daß es immer nach seinen Wünschen geht, nie nach meinen.«

GRÖSSERE INTIMITÄT

Abneigungen überwinden

Sexuelle Unerfahrenheit äußert sich gelegentlich in Gehemmtheit. Julia wollte zum Beispiel nicht zugeben, daß sie so wenig wußte. Sie mußte sich an die Wildheit und Leidenschaft beim Sex erst gewöhnen – aber sie brauchte Zeit dazu, und Paul mußte sie dabei unterstützen, indem er es langsam angehen ließ.

DIE SACHE IN DIE HAND NEHMEN

Paul kannte Julias Problem gut, und ihre ausgezeichneten Fortschritte während der letzten Monate zeigten, daß sie in der Lage war, sich zu ändern, vorausgesetzt, man ermutigte sie dazu. Deshalb war es für Julia von Vorteil, beim Liebesspiel die Führung zu übernehmen.

Julia übernahm die Führung beim Liebesspiel und zeigte Paul, wie sie berührt werden wollte

SICH ENTSPANNEN LERNEN

So konnte sich Julia langsam an Pauls Körperabsonderungen gewöhnen, genau wie sie es zuvor bei sich selbst gelernt hatte (*siehe Seite 28–31*). Paul hingegen lernte, das Liebesspiel in einem romantischeren Licht zu sehen.

ABNEIGUNGEN ÜBERWINDEN

KOMPROMISSE

Die Übung »Geben und nehmen« (*siehe Seite 73*) ist nützlich, um eine Vereinbarung oder einen »Vertrag« zwischen den Partnern auszuhandeln. Damit Julia und Paul etwas voneinander empfangen konnten, mußten sie durch Ermutigung herausfinden, was sie geben konnten. In dem schließlich ausgearbeiteten Vertrag dämpfte Pauls neugewonnene romantische Einstellung seine Leidenschaftlichkeit ein wenig, während Julia das Liebesspiel für ihn durch sinnliche, erotische Massagen bereicherte.

Durch erotische Massagen gewöhnte sich Julia an Pauls Körper

Als sie es beim Liebesspiel langsamer angehen ließen, steigerte sich Pauls und Julias Leidenschaft

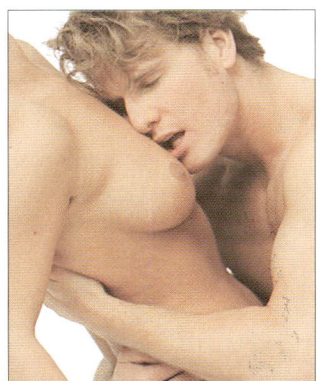

ERWEITERTES VORSPIEL

Julia lernte, Massagetechniken einzusetzen (*siehe Seite 101 und 106*), die für eine langsame Stimulierung sorgten. Paul hingegen begann, mehr Zeit als bisher für das Vorspiel aufzuwenden. So konnte Julia ihre Abneigung gegenüber den für sie unangenehmen Seiten der Sexualität überwinden, weil das Liebesspiel an sich wichtiger für sie wurde.

ÜBUNGSPLAN

 BEI SEXUELLER INTIMITÄT *sollte man nichts übereilen. Man kann sich dabei sehr nah kommen, aber wenn alles zu schnell geht, stellt sich eine gegensätzliche Wirkung ein, und die Gefühle werden eingefroren. Außerdem hat Intimität nicht nur mit Sex zu tun, sondern mit Offenheit und Vertrauen. Manche Menschen empfinden diese Verletzlichkeit als riskant, und deshalb ist es ratsam, langsam vorzugehen.*

KLEINE SCHRITTE

Wie groß das Vertrauen zu Ihrem Partner ist, läßt sich daran ablesen, ob Sie das Gefühl haben, Dinge sagen oder tun zu können, die er möglicherweise nur schwer akzeptiert. Das muß natürlich auf gleichberechtigter Grundlage erfolgen. Um die sexuelle Intimität zu steigern, versuchen Sie es mit folgenden Dingen:
- *Streicheln Sie Ihren Partner im Bett.*
- *Sagen Sie: »Ich liebe dich« oder »Ich finde dich wunderbar/sexy/attraktiv« (mentale Streicheleinheiten).*
- *Bitten Sie Ihren Partner, ihnen ähnliche mentale Streicheleinheiten zu geben.*
- *Streicheln Sie sich selbst nach einem warmen Bad auf sinnliche Weise.*
- *Streicheln Sie Ihren Partner, der dabei nicht auf seiner, sondern auf Ihrer Seite des Bettes liegen sollte. Sie setzen dabei also die andere Hand ein.*
- *Streicheln Sie sich während des Geschlechtsverkehrs selbst.*
- *Streicheln Sie die Genitalien Ihres Partners während des Geschlechtsverkehrs.*
- *Massieren Sie sich gegenseitig (siehe Seite 100–101).*

Wenn Sie Ihrem Partner emotional nah sind, kann eine Umgebung entstehen, in der gegenseitige Fürsorge und Respekt eine sehr positive Wirkung auf Ihr Sexualleben und Ihre Beziehung insgesamt haben. Wenn Sie Ihre Beziehung in diesem Sinne verbessern und sich Ihrem Partner emotional näher fühlen wollen, sollten Sie folgende Möglichkeiten ausprobieren:
- *Sprechen Sie mit Ihrem Partner häufiger darüber, was Sie sich von der Zukunft erwarten und wie Sie dieses Ziel gemeinsam erreichen können.*
- *Organisieren Sie Ihr Familienleben so um, daß Sie mehr Freiheit für die Dinge haben, die Sie noch nicht realisieren konnten.*
- *Fangen Sie beruflich etwas Neues an, wenn Ihnen eine radikale Veränderung wünschenswert scheint, und unterstützen Sie Ihren Partner, wenn er dieses Bedürfnis ebenfalls hat.*

Wenn Sie schließlich offen und ehrlich miteinander umgehen, dürfen Sie das Vertrauen, das Ihr Partner in Sie setzt, nicht enttäuschen.

HEMMUNGEN ABBAUEN

Das Ziel der folgenden Übung besteht darin, daß sich die Gefühle zwischen Ihnen allmählich verbessern. Die meisten Menschen reagieren positiv auf Fürsorge und Güte und möchten diese Gefühle erwidern. Wenn Sie jedoch immer nur geben, während Ihr Partner der nehmende Teil ist, ohne Ihnen selbst etwas anzubieten, dann ändert sich das Gesamtbild. Dieses Ungleichgewicht ist ungesund, und möglicherweise müssen Sie die gesamte Beziehung überdenken, falls Ihr Partner nicht in der Lage ist, sich Ihren Wünschen irgendwie anzunähern. Am wichtigsten ist es, den Dialog nicht abreißen zu lassen. Je mehr Sie von sich selbst offenbaren und an Ihrem Partner entdecken, desto enger wird Ihre Beziehung werden. Ist Ihr Partner sehr gehemmt, probieren Sie folgendes:
- *Lieben Sie sich im Dunkeln oder bei schwacher Beleuchtung.*
- *Führen Sie Neues langsam ein. Bauen Sie jedesmal nur eine neue Aktivität ein.*
- *Ermutigen Sie den gehemmten Partner, bestimmte Durchsetzungstechniken einzusetzen (siehe die »Ja/Nein«-Übung auf Seite 78).*
- *Führen Sie die Übung »Geben und nehmen« durch (siehe Seite 73).*

Diese Übung basiert darauf, daß Menschen, die Sie durch Worte und Handlungen glücklich machen, Ihnen gegenüber ebenfalls positive Gefühle entwickeln.

EXTREME GEFÜHLE

Befindet sich Ihr Partner in einer emotionalen Ausnahmesituation, kann es schwer sein, ihn wieder zu stabilisieren. Seinen Gefühlen und den Umständen, durch die sie hervorgerufen wurden, mit Verständnis zu begegnen, kann es Ihnen leichter machen zu helfen.

EXTREME GEFÜHLE

Mit Gefühlen des anderen umgehen

Jede Art von Veränderung ist beunruhigend, auch wenn sie ganz unterschiedlicher Art sein kann. Es gibt Katastrophen, bei denen Leib und Leben in Gefahr geraten. Oder man vollzieht eine innere Entwicklung, durch die sich die Lebenseinstellung verändert. Es gibt Umwälzungen, die mit großem Streß verbunden sind – etwa ein Umzug, Arbeitslosigkeit, Schwangerschaft, aber auch ein Urlaub.

Jede größere Veränderung in der normalerweise langsamen Gangart des Lebens wirkt sich auf unsere Gemütsverfassung aus. Wenn Sie sich darüber im klaren sind, daß eine Ehe nicht nur glücklich verläuft und die Stimmungsschwankungen, die durch Umwälzungen hervorgerufen werden, tolerieren, besteht eine gute Chance, daß Sie sich immer lieben werden.

Veränderungen führen natürlich zu Störungen und verursachen extreme Gefühle, mit denen man sich auseinandersetzen muß. Dieses Kapitel behandelt daher vier der extremsten Gefühlszustände: Wut und Depression sind wie die zwei Seiten einer Medaille und können sowohl dem, der darunter leidet, als auch dem Partner, der sie ertragen muß, Angst einjagen. Eifersucht und Trauer hingegen spielen vor allem in der Liebe eine große Rolle. Die Intimität (und zwar nicht nur die sexuelle) wird davon natürlich ebenfalls stark betroffen, was manchmal überraschende Auswirkungen hat. Solche Gefühle können aber auch Einfluß auf unsere Lebenseinstellung haben, denn wenn wir sehr erregt sind oder fast verzweifeln, sind wir offener für Veränderungen. Manche Psychologen beschreiben einen Nervenzusammenbruch als einen nervösen Durchbruch, weil Depressionen uns sagen, daß sich irgend etwas ändern muß, selbst wenn man dafür einen Zusammenbruch in Kauf nehmen muß. Kaum ein Mensch ist danach noch derselbe, und ein Partner muß dies akzeptieren, was keine leichte Aufgabe ist.

Tiefsitzender Kummer
Es ist nicht ratsam, seinen Kummer beim Partner abzuladen. Obwohl das Durchsprechen von Problemen die Grundlage einer guten Kommunikation ist, kann es tödlich sein, den anderen Tag für Tag mit den eigenen Sorgen zu belasten. Natürlich sollte man stets versuchen, dem Partner seine Gefühle mitzuteilen und sich im Gegenzug die seinen anhören. Doch dabei gilt es, Augenmaß zu wahren. Im Ab-

schnitt über den Umgang mit Wut beschreibe ich eine Gesprächsübung, die sich auf jedes scheinbar nicht zu bewältigende Problem anwenden läßt. Damit können Sie kontrollieren, wie stark Sie von Ihren Gefühlen bereits überwältigt wurden. Das heißt selbstverständlich nicht, daß Sie deshalb nicht mit einem anderen Menschen darüber reden sollten. Gute Freunde sind als Vertraute von unschätzbarem Wert, und das trifft natürlich auch auf Psychologen zu. Häufig hören Psychologen von neuen Patienten, daß sie sich nicht weiter bei Freunden ausweinen können, weil diese langsam genug davon haben. Aber irgendwo müssen sie ihr Herz ausschütten.

Solchen Menschen kann man auf zwei Arten helfen. Zuerst einmal ist es sehr wichtig, daß sie ihren Kummer loswerden. Man muß sich dann aber auch fragen, warum sie sich nicht davon befreien. Dadurch verletzen sie sich im Grunde nur selbst – das auslösende Ereignis hat damit schon lange nichts mehr zu tun. Das heißt jedoch nicht, daß keine tiefen emotionalen Wunden entstanden sind – etwas Traumatisches muß erneut durchlebt werden. Deshalb ist es gut, über dieses Trauma zu reden und das Gefühl zu haben, daß der Zuhörer einen versteht. Zwar wird der Betroffene, nachdem er die traumatische Situation bewältigt hat, wahrscheinlich nicht mehr derselbe sein, aber er kann seine Veränderung sogar genießen.

ZU GRÖSSERER NÄHE FINDEN

In einem solchen Moment ist ein liebevoller Partner hilfreich. Durch das Überwinden von Trauer oder Zorn kann die Bindung sogar stärker werden. Manche Menschen stellen fest, daß sie einander näher gekommen sind, weil sie Schwierigkeiten gemeinsam gemeistert haben. Die eigentlichen Gefahren liegen also nicht in der emotionalen Ausnahmesituation, in der man sich befindet, sondern darin, daß man sich bereits weit auseinandergelebt hat und jeder im Grunde sein eigenes Leben führt. Unter solchen Umständen schwindet die Nähe – sie kann nicht aus sich selbst heraus weiterbestehen, wenn sie nicht am Leben erhalten wird.

Ein Hauptanliegen dieses Buches ist es, den Leser mit Methoden vertraut zu machen, die ihm helfen, emotionale Bindungen aufzubauen, die selbst schwierige Phasen überstehen. Beziehungen müssen nicht um jeden Preis aufrechterhalten werden. Doch es kann sehr nützlich sein, sich innere Zeitgrenzen dafür zu setzen, wie lange man einer schwierigen Beziehung eine Chance geben sollte. Es überrascht manchmal, daß es oft ausreicht, für den anderen einfach nur da zu sein, damit sich sein Zustand bessert. Genauso überraschend ist, wie stark zwei Menschen nach einem schrecklichen Ereignis sein können. Geben Sie sich also vor allen Dingen genug Zeit, und unterstützen Sie einander, wenn eine Krise droht. Nicht selten stellen Paare fest, daß ihre Beziehung nach einem traurigen oder traumatischen Ereignis vertrauensvoller und stärker wird. Die Art, wie sie tragische Situationen, beispielsweise den Tod eines Kindes, gemeinsam verarbeiten, gibt ihnen ein Gefühl von Sicherheit und Vertrauen in sich selbst und in die gemeinsame Stärke.

POSITIVE SCHRITTE
Die Bewältigung oder das Vermeiden von Problemen, die durch extreme oder aggressive Gefühle verursacht werden, kann ein Paar näher zusammenführen.

EXTREME GEFÜHLE

Wut

Wut hat nicht selten ungewöhnliche Auswirkungen auf das Sexualleben. Ist diese Wut etwas Einmaliges, kann sie aufregend und sexy wirken. Obwohl Sie sich gerade angeschrien haben, wollen Sie miteinander schlafen. Tatsächlich können Streitereien das Erregungsniveau heben, so daß Sie für ein heißes Liebesspiel bereit sind. Die Erfahrung ist nicht neu, trifft aber dennoch zu: Oft hat man eine besonders gute Zeit im Bett, wenn man sich nach einem Streit wieder verträgt.

FORTSCHRITTE MACHEN
Damit ein Streit glücklich endet, muß es funktionierende Lösungen und Verhandlungen geben. Versetzen Sie sich in Ihren Partner hinein und versuchen Sie, etwas auszuhandeln, das für Sie beide machbar ist. Wenn Sie eine Vereinbarung getroffen haben, müssen Sie sich auch daran halten. Tun Sie es nicht, dann war alles nur Zeitverschwendung.

Ungelöster Zorn nagt jedoch an den Gefühlen und an Ihrer Beziehung. Er kann Auswirkungen auf die Liebe und den Respekt haben, den Sie für Ihren Partner empfinden, und sich in extremen Stimmungsschwankungen niederschlagen. Für den Fortbestand Ihrer Beziehung ist es deshalb wichtig, daß diesem Zorn Luft gemacht wird. Lang aufgestaute Wut führt dazu, daß man nicht mehr bereit ist, Kompromisse einzugehen. Nach einiger Zeit kann so eine Barriere des Schweigens entstehen, durch die der wütende Partner den anderen bei jeder sich bietenden Gelegenheit sabotiert. Mit anderen Worten: Wenn Sie sich mit Wutgefühlen nicht auseinandersetzen, kann Ihre Beziehung dauerhaften Schaden nehmen.

SICH AUSEINANDERSETZEN

Um offene oder unterschwellige Feindseligkeiten zu bekämpfen, müssen die Kommunikationskanäle zwischen den Partnern weit geöffnet sein. Es muß also zu einer endgültigen Auseinandersetzung kommen. Sie dürfen nicht erwarten, irgendein Problem zu lösen, wenn Sie nicht klarstellen, worum es Ihnen überhaupt geht. Sie können erst wieder zur Tagesordnung übergehen, wenn Sie die erste Konfrontation hinter sich haben. Nur so können Sie zeigen, daß Sie wissen, daß Sie sich der Probleme bewußt sind und sie ernst nehmen. Tun Sie dies nicht gleich zu Anfang, wird sich die Situation nicht bessern. Der erste Schlagabtausch ist daher von besonderer Bedeutung. Zumindest für diese erste Auseinandersetzung sollten Sie sicherstellen, daß Sie viel Zeit haben. Außerdem dürfen Sie beide nicht mit etwas anderem beschäftigt sein. Seien Sie darauf vorbereitet, daß das Ganze möglicherweise Stunden in Anspruch nehmen wird. Wichtig ist außerdem, daß Sie sich beide in dieser Situation wohl fühlen. Schütten Sie Ihr Herz nicht vor Dritten aus, vor allem dann nicht, wenn Ihr Partner das Gefühl haben könnte, sie könnten gegen ihn Partei ergreifen. Um

Mit Wut richtig umzugehen, kann ein schwieriger Prozeß sein, doch schaffen Sie es nicht, kann Ihre Beziehung Schaden nehmen.

Ihren Partner zum Reden zu bringen, müssen Sie bereit sein, Ihren Standpunkt energisch zu vertreten, sollten aber gleichzeitig dabei vorsichtig vorgehen. Verwechseln Sie Durchsetzungsvermögen nicht mit Aggressivität. Vielmehr bedeutet es, klare Aussagen zu machen, gleich auf den Punkt zu kommen und sich dessen, was man sagt, sicher zu sein; es geht hier nicht um einen verbalen Angriff. Seien Sie direkt, offen und ehrlich, aber gleichzeitig mitfühlend.

DIE REAKTION IHRES PARTNERS

Wenn Ihr Partner bei einer Konfrontation mit Wut und Beschimpfungen reagiert und dabei laut wird, sollten Sie nicht in die Defensive gehen. Vielmehr sollten Sie ihn fragen, ob es noch mehr zu sagen gibt. Ermuntern Sie ihn dazu, seiner ganzen Wut Luft zu machen. Ein solches Gespräch kann reinigend wirken, vorausgesetzt, Sie unterbrechen ihn nicht und streiten nicht. In solchen Situationen sollten Sie darauf achten, daß Sie nicht herablassend klingen. Versuchen Sie, Ihrem Partner seine Probleme auf verschiedene Weise zu entlocken. Ein Streit kann sehr produktiv sein, kann aber auch sehr viel Zeit in Anspruch nehmen. Es ist nicht leicht, einfach nur dazustehen, während der andere seinem Zorn Luft macht. Zweifellos ist die Versuchung, sich zu verteidigen oder zu rächen, sehr groß – trotzdem sollten Sie ihr widerstehen.

MIT WUT UMGEHEN

Hier sind drei Haupteigenschaften gefragt: Aufrichtigkeit, Wärme und Mitgefühl. Spontaneität kann ebenfalls hilfreich sein, kann sich aber angesichts der zermürbenden Situation unter Umständen nur schwer einstellen. Natürlich kann der Zorn des anderen einen ebenfalls wütend machen, und sicherlich wird ein Angriff bei Ihnen Defensivmechanismen in Gang setzen. Trotzdem sollten Sie einen solchen Ausbruch als Befreiung Ihres Partners sehen. Machen Sie deshalb Ihrer eigenen Wut ein anderes Mal Luft.

Wie bei jedem Gespräch, das Probleme lösen soll, spielen auch hier Diskussion, Verhandlung und Kompromiß eine wichtige Rolle, und wenn die Wuttirade vorüber ist, sollten Sie nicht zurückschlagen. Derjenige, der seinem Ärger Luft gemacht hat, muß sein Gesicht wahren können. Wenn Sie während des Streits gestanden haben, setzen Sie sich jetzt. So nehmen Sie eine unterwürfige Haltung ein; Sie erlauben es Ihrem Partner, sich Ihnen gegenüber überlegen zu fühlen.

DENKEN SIE ANS VERHANDELN

Einsicht ist gut, reicht aber in einer solchen Situation einfach nicht aus. Selbst wenn der Zorn sehr groß ist, müssen Sie bedenken, daß Ihr Partner verletzt und erregt ist und sehr wahrscheinlich eine Lösung finden will. Warum würde er sonst soviel Energie und Emotionen einsetzen? Bedenken Sie aber auch, daß eine Lösung praktikabel und für Sie annehmbar sein muß.

WUT UND LEIDENSCHAFT
Wenn Sie nach einem Streit besonders gern miteinander schlafen, kann das ursprüngliche Problem dabei leicht in Vergessenheit geraten. Für Ute und Matthias (siehe Seite 128–131) war es an der Zeit, daran etwas zu ändern.

EXTREME GEFÜHLE

SÜCHTIG NACH WUT

Sexuelle Reaktionen auf Wutgefühle können stark variieren, und manche Menschen werden von Wut so erregt, daß sie praktisch süchtig danach werden. War dies auch bei Ute und Matthias der Fall? Ihre Beziehung war außergewöhnlich heftig und leidenschaftlich, aber im Grunde war das beiden nicht recht.

Ein handfester Streit war für Matthias und Ute zu einer Art Vorspiel geworden

STREITEN UND LIEBEN

Ute und Matthias waren füreinander die ersten Liebespartner und lebten seit knapp sechs Jahren zusammen. Sie beschrieben sich als sexuell sehr aktiv und verbrachten die meisten Abende damit, sich zu streiten und anschließend leidenschaftlich zu lieben. Obwohl sie die Wechselbäder in ihrer Beziehung genossen, gefiel es beiden nicht, daß sie sich nach dem Streit und dem anschließenden Sex schuldig fühlten.

UNTERSCHIEDLICHE REAKTIONEN

»Die Streitereien entstehen im Grunde aus dem Nichts, bis wir schließlich vor Wut außer uns sind«, berichtete Matthias. »Dann reagieren wir ganz konträr. Mir vergeht die Lust ganz, aber Ute gerät völlig aus der Fassung und bittet mich inständig, mit ihr zu schlafen. Und ich gebe dann nach.«

SÜCHTIG NACH WUT

NEGATIVE GEFÜHLE

»Wenn wir fertig sind, haben wir beide das Gefühl, als gebe es keinen Ausweg«, fuhr Matthias fort. »Es scheint irgendwie unnatürlich.« Ute stimmte zu: »Ich fühle mich richtig deprimiert nach dem Streit und dem Sex und kann mir dann gar nicht vorstellen, wie wir noch zusammen leben können.«

SÜCHTIG NACH STREIT

»Irgendwie habe ich das Gefühl, daß wir uns an den Streit als Teil unseres sexuellen Vorspiels gewöhnt haben«, fuhr Ute fort. »Ich reize Matthias ohne Grund. Er ist ein wunderbarer Mann und so attraktiv, daß ich manchmal am liebsten in ihn hineinkriechen würde.«

ANMERKUNGEN ZUM FALL

UTE UND MATTHIAS

Zur Schau gestellte Wut deutet nicht immer darauf hin, daß tiefsitzende persönliche Probleme vorhanden sind oder daß das Leben besonders streßbeladen ist. Viele Menschen machen vielmehr die Erfahrung, daß emotionale Erregung zu sexueller Erregung führt. Andere werden durch die Aufregung eines Streits erregt und genießen dann das Liebesspiel, um die emotionale Spannung, die sich zwischen ihnen aufgebaut hat, zu lösen. Solange man nicht süchtig danach wird, wie dies bei Ute und Matthias der Fall war, ist das nicht problematisch. Ist die Wut allerdings auf echte Unzufriedenheit zurückzuführen, sollte man sich immer ernsthaft damit auseinandersetzen (siehe Seite 132). Es gelang Ute und Matthias, neue Ventile für ihre aufgestaute Energie zu finden und ihre Beziehung zu verändern, indem sie neue Interessen entwickelten. Diese neuen Interessen ermöglichen es ihnen, sich auf die ruhigeren Seiten ihrer Beziehung zu konzentrieren, und ihr Liebesspiel verbesserte sich, weil es ebenfalls ruhiger wurde.

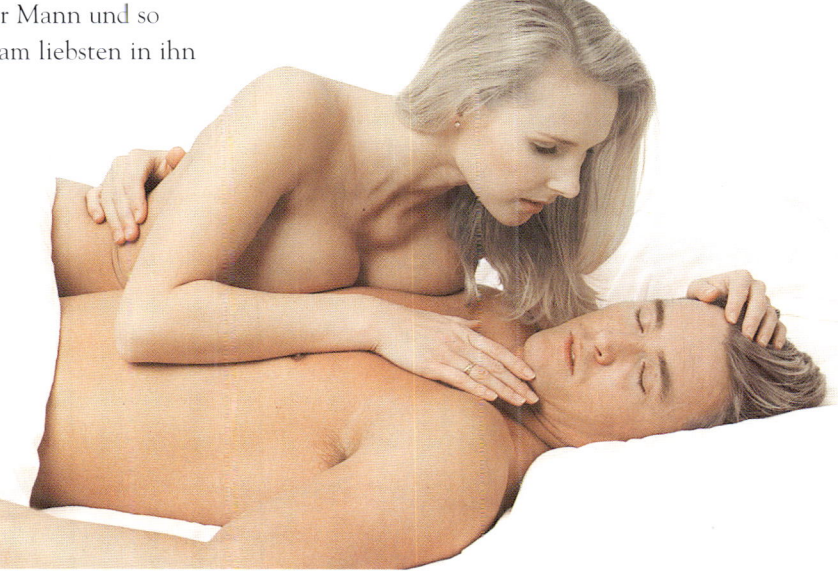

EXTREME GEFÜHLE

Aus Gewohnheiten ausbrechen

Ute und Matthias mußten nach einer Möglichkeit suchen, aus dem Kreislauf von Streit und Liebesspiel, der inzwischen zur Gewohnheit geworden war, auszubrechen. Nachdem sie erkannt hatten, woraus ihre Wut resultierte, konnten sie dieses Verhaltensmuster durchbrechen.

GRUNDLOSE ANGRIFFE

In der Eheberatung erklärte Ute ihre Bemerkung, die Streitereien seien eine Art Vorspiel, näher. Sie gestand, daß sie diejenige war, die sie entfachte, und daß sie es in ganz entspannten Momenten tat, wenn sie beispielsweise vor dem Fernseher saßen oder ruhig im Bett lagen. Zumindest äußerlich hatte Matthias nichts getan, um ihre Angriffe zu provozieren. Als sie gefragt wurde, was sich in ihrem Leben sonst so ereignete, antwortete sie: »Sehr wenig.« Das Paar ging kaum aus, und seine besten Freunde lebten nicht am Ort.

Nach einem Streit folgte bei Ute und Matthias die Versöhnung im Bett

NEUE INTERESSEN

Allmählich kristallisierte sich heraus, daß Utes eigentliches Problem die Langeweile war. Sie gab dies zu und räumte ein, daß sie möglicherweise ihrer Langeweile durch die Inszenierung eines dramatischen Streits entgegenwirkte. Die Lösung des Problems bestand darin, daß das Paar gemeinsame Interessen entwickeln mußte, die ihm geistige Anregung gaben. Zunächst schlossen sie aber erst einmal einen Vertrag, demzufolge Sex als Belohnung eingesetzt wurde, wenn sie den Frieden wahren konnten.

AUS GEWOHNHEITEN AUSBRECHEN

EIN GEMEINSAMES PROJEKT

Der wichtigste Teil in Utes und Matthias' Pakt bestand darin, ein gemeinsames Projekt oder Interesse zu finden, damit der Sex nicht das einzige Stimulans in ihrem Leben war. Außerdem vereinbarten sie, gemeinsam neue Freundschaften zu schließen und öfter auszugehen. Eine Kontrollsitzung ein Jahr später zeigte, daß ihre Beziehung gesundet war. Zu Streitigkeiten kam es kaum noch, und Ute und Matthias brachten all ihre Energien in eine freiberufliche Tätigkeit ein, die sich als sehr lukrativ erwies.

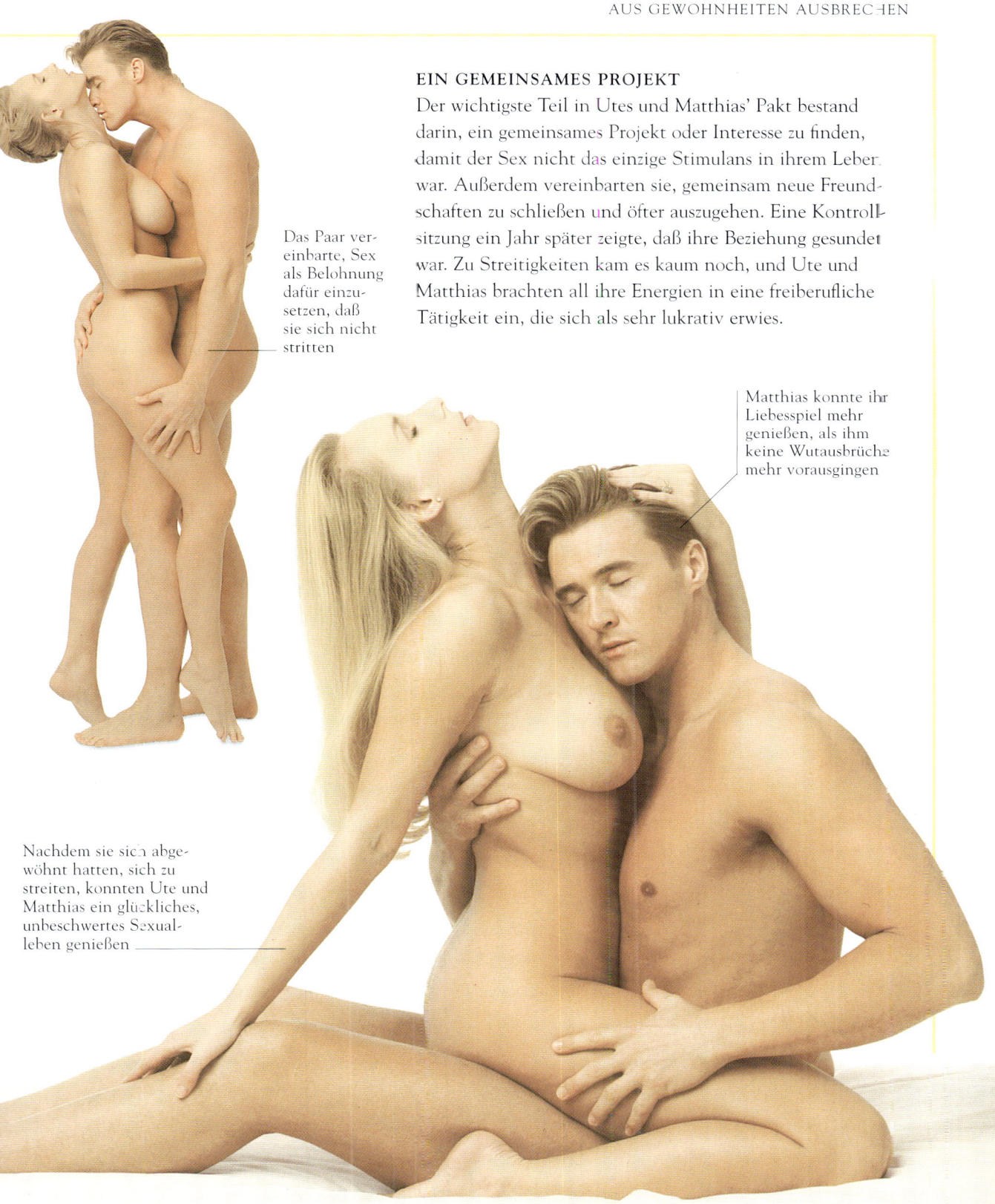

Das Paar vereinbarte, Sex als Belohnung dafür einzusetzen, daß sie sich nicht stritten

Matthias konnte ihr Liebesspiel mehr genießen, als ihm keine Wutausbrüche mehr vorausgingen

Nachdem sie sich abgewöhnt hatten, sich zu streiten, konnten Ute und Matthias ein glückliches, unbeschwertes Sexualleben genießen

MIT WUT UMGEHEN

Ein Streit kann die Luft reinigen. Geht man allerdings auf die Probleme, die dabei ans Licht kommen, nicht weiter ein, wird es nur zu einer Pause vor dem nächsten Sturm kommen. Man sollte jedoch nicht versuchen, Änderungen vorzunehmen, die nicht realisierbar sind. Halten Sie sich lieber an Dinge, von denen Sie sicher wissen, daß sie durchführbar sind.

Bevor Sie damit beginnen, sollten Sie Ihrem Partner unbedingt zu verstehen geben, daß Veränderungen, die Ihnen wichtig sind, konstruktiv sein und die Beziehung stärken sollten, und daß dies auch auf die von Ihrem Partner vorgeschlagenen Änderungen zutreffen muß. Manchmal fällt es schwer, eine solche Zusage zu machen. Sie ist aber erforderlich, um eingefahrene Verhaltensmuster zu durchbrechen. Damit die Beziehung wieder gut funktioniert, müssen Sie beide in der Lage sein, Dinge, die Ihnen Sorge bereiten, durchzusprechen und gewisse, für beide Seiten akzeptable Veränderungen vorzunehmen.

DIE DISKUSSION ERÖFFNEN

Wenn Sie darüber reden wollen, was Ihren Partner in Wut versetzt, sollten Sie sich nicht gleich in die Diskussion stürzen – bereiten Sie sich erst ein wenig darauf vor. Wichtig ist zunächst einmal, daß Sie mit der richtigen Einstellung an ein solches Gespräch herangehen. Es bringt nichts, wenn man vorgibt, fürsorglich und spontan zu sein, da die Vortäuschung derartiger Gefühle meist sehr offensichtlich ist. Genausowenig Zweck hat es, den Partner zu umschmeicheln. Wenn Sie ihm gegenüber feindselige Gefühle haben, sollten Sie daran denken, daß Ihr Ziel darin besteht, an einer funktionierenden Beziehung zu arbeiten, statt sie zu schädigen, und dies sollten Sie sich selbst und Ihrem Partner eindeutig klarmachen.

Die Zeit der Vorbereitung sollte nicht länger als zehn bis fünfzehn Minuten dauern, denn man sollte möglichst schnell zum Kern der Sache kommen. Es kann wirkungsvoll sein, die Diskussion mit einer Selbstkritik zu eröffnen, weil Sie damit zeigen, daß Sie ein Mensch sind und nicht das Ungeheuer, für das Ihr Partner Sie hält. Wenn Sie beispielsweise sagen: »Ich weiß, daß ich in letzter Zeit nicht genug Hausarbeiten übernommen habe«, sollten Sie eine Aufforderung anschließen, damit Ihr Partner darauf antworten kann, etwa: »Möchtest du irgend etwas dazu sagen? Ich würde gerne deine Meinung hören.«

Eine andere gute Einleitung besteht darin, den Partner zu beruhigen, indem man zum Beispiel sagt: »Du bist mir sehr wichtig. Es macht mich traurig, wenn ich dich so unglücklich sehe, und ich bin bereit, etwas zu ändern, damit sich unser Verhältnis verbessert. Deshalb bin ich so offen zu dir.« Nachdem Sie das Thema

---

Offenbaren Sie die eigenen Gefühle Ihrem Partner

Bitten Sie Ihren Partner, zu antworten und sein Problem zu erläutern

Antworten Sie auf das, was Ihr Partner gesagt hat

Handeln Sie eine Lösung für das Problem aus

DER WUT DES PARTNERS BEGEGNEN
Dies sind die vier Grundschritte, mit denen Sie der Wut Ihres Partners begegnen können, egal, wodurch sie ausgelöst wurde.

angeschnitten haben, sollten Sie Ihrer Partner ermutigen zu erläutern, wie er das Problem sieht. Bitten Sie ihn, seine Meinung kurz und unumwunden zu äußern, ohne Sie dabei anzugreifen. Ist Ihr Partner beispielsweise wütend, weil Ihr Verlangen nach Sex mit seinem Schlafbedürfnis kollidiert, wird er vielleicht sagen: »Ich habe es satt, daß du mich jede Nacht aufweckst. Ich brauche meinen Schlaf, wenn ich am nächsten Tag arbeiten muß, aber wenn du mich aufweckst, liege ich stundenlang wach. Ich habe das Gefühl, du tust das absichtlich.« Wenn Ihr Partner so etwas sagt, sollten Sie Ihre Meinung dazu äußern, nachdem Sie gut zugehört haben. Dann können Sie beide eine Lösung für dieses Problem aushandeln (*siehe Seite 72*).

Aufgestaute Wut

Es kann Zeiten geben, in denen auch sehr intensive Gespräche das Problem nicht lösen – zum Beispiel dann, wenn einer von Ihnen etwas getan hat, was nicht entschuldbar ist. Die einzige Lösung besteht in solchen Fällen manchmal nur darin, sich zu trennen. Findet eine Frau beispielsweise heraus, daß ihr Partner eine Affäre mit ihrer Schwester hat, wird dies wahrscheinlich das Ende der Beziehung bedeuten. Doch wenn sie erkennen kann, daß die Untreue nur ein Symptom dafür war, daß etwas in ihrer Beziehung nicht stimmte und daß die von ihrem Partner getroffene Wahl zufällig war, ist noch etwas vorhanden, an dem man arbeiten kann

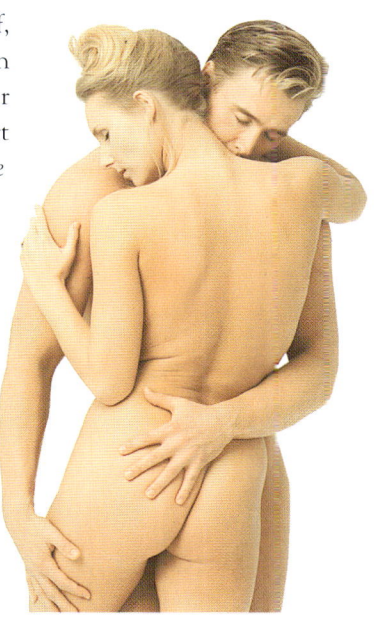

Nach einem Streit
Tröstende Worte sind als Zeichen der Vergebung wichtig.

Mit Wut umgehen

Wenn Sie sich mit der Wut Ihres Partners auseinandersetzen, wird das Ergebnis produktiver sein, wenn Sie sich an die folgenden Regeln halten. Bevor Sie damit beginnen, sollten Sie sich klarmachen, daß der Zorn Ihres Partners etwas ist, was für Sie beide wichtig ist, und das sollten Sie auch während der Diskussion im Auge behalten.

1. *Seien Sie freundlich und zeigen Sie echte Gefühle. Seien Sie nicht herablassend und machen Sie keine Ausflüchte.*
2. *Zeigen Sie Mitgefühl, um Ihre ernsten Absichten zu unterstreichen.*
3. *Hören Sie gut zu (siehe Seite 66).*
4. *Nehmen Sie die Gedanken und Gefühle Ihres Partners auf (siehe Seite 66).*
5. *Führen Sie kein Verhör durch.*

Beim Verhör sitzt der Fragende direkt vor seinem Opfer und beugt sich nach vorn. Dabei achtet er aufmerksam auf jede Gefühlsregung, mit der er sich verraten könnte. Derjenige, der auf dem heißen Stuhl sitzt, reagiert darauf mit Unmut, Abwehr oder Mißtrauen. Auf diese Weise wird die Wut Ihres Partners nur noch verstärkt, und wenn seine negativen Gefühle durch Groll ausgelöst wurden, ist es unwahrscheinlich, daß Sie die Situation befriedigend lösen werden.

Wenn Sie die Ursache für den Zorn Ihres Partners kennen, können Sie beide eine Lösung aushandeln oder zumindest versuchen, eine Möglichkeit zu finden, um eine derartige Situation in Zukunft zu vermeiden.

EXTREME GEFÜHLE

DEPRESSIONEN

Verringertes sexuelles Verlangen und Depressionen sind eng miteinander verknüpft. Wie bei der Frage, ob zuerst das Huhn oder das Ei da war, ist schwer festzustellen, wie das eine zum anderen führt. Zweifellos wird die Qualität Ihres Sexuallebens davon beeinflußt, wie glücklich oder deprimiert Sie sind. Depressionen können durch ein Ausmaß an Streß und Belastung hervorgerufen werden – resultierend aus Überarbeitung bis hin zu hormonellen und körperlichen Ursachen.

Wenn Sie unter starkem Streß stehen, kann Ihre Reaktion darauf vielfältig sein. Vielleicht fühlen Sie sich emotional gedämpft, so, als ob Sie auf die Welt wie durch eine Watteschicht reagieren. Das kann dazu führen, daß man das Gefühl hat, nicht wirklich dazuzugehören und keinen Einfluß oder Wert zu haben. Dann gibt es Belastungen, bei denen der Betroffene das Gefühl hat, zu zerplatzen. Der Druck steigert sich so sehr, daß er nicht abgebaut werden kann und einem alles schwerfällt. Hält dieser Zustand über längere Zeit an, hat man möglicherweise das Gefühl, die Gesundheit hinge nur noch an einem Faden. Schließlich kommt es dann zu einem Zusammenbruch, der in manchen Fällen sogar dazu führen kann, daß der Betroffene überhaupt nicht mehr mit der Welt interagieren kann.

Wenn wir zu großem Streß ausgesetzt sind, kann eine Depression die Folge sein, die auch unser Sexualleben in Mitleidenschaft zieht.

EINE HÄUFIGE ERKRANKUNG
Depressionen treten zweimal so häufig auf wie Herzerkrankungen und dreimal so häufig wie Krebs. Doppelt so viele Frauen wie Männer sind davon betroffen, und die Rate bei Müttern liegt dreimal so hoch. Etwa 55 Prozent der Bevölkerung glauben, unter irgendeiner Form von Depression zu leiden – die übrigen haben einfach Glück oder verbergen ihre Schwierigkeiten.

WAS SIND SEXUELLE DEPRESSIONEN?
Mangelndes Interesse am Sex ist ein häufiges Symptom für Depressionen und kann darauf hinweisen, was in einem Menschen wirklich vorgeht. Der Begriff »sexuelle Depression« bedeutet in diesem Zusammenhang ein vermindertes oder sogar gänzlich fehlendes sexuelles Verlangen, das auf eine Depression zurückzuführen ist. Sex ist zwar eine komplizierte emotionale und körperliche Interaktion, doch der Verlust des Sexualtriebs gilt oft als Zeichen dafür, daß in der Beziehung etwas nicht stimmt. Tatsächlich kann dieser Verlust viele Ursachen haben, die nichts mit mangelndem Interesse am Partner zu tun haben.

VERÄNDERUNGEN VORNEHMEN
Die Psychologin Dorothy Rowe erklärte, daß »auf der Skala des menschlichen Leidens eine Depression zu den extremsten Erfahrungen gehört ... Wie groß unser körperlicher Schmerz auch sein mag, so können wir uns doch den Menschen in

unserer Umgebung nah fühlen und Liebe empfinden, uns von ihrer Liebe und ihrem Trost wärmen und helfen lassen. Doch bei einer Depression gelingt es uns nicht mehr, uns von unserem Leid zu lösen und anderen Menschen nah zu sein, denn wir sind in einem Gefängnis eingesperrt, in das Liebe nicht eindringen kann.« Es kann einem Menschen sehr schwerfallen zu verstehen, daß sein Partner unter Depressionen leidet. Wenn man feststellt, daß sich der Partner immer stärker zurückzieht, häufig weint, unter Schlaf- und Ruhelosigkeit leidet, nimmt man leicht an, daß es in der Beziehung ein Problem gibt. Es wäre aber richtiger, davon auszugehen, daß die Beziehung in Ordnung ist und der Partner daher die Freiheit verspürt, seinen Streß in Gegenwart des anderen abzubauen.

Diese Vorstellung mag recht idealistisch scheinen, aber wenn Sie sich nicht um eine positive Grundeinstellung bemühen, wird Ihr Partner die Beziehung als einen weiteren Streßfaktor in seinem ohnehin streßbelasteten Leben ansehen. Es ist außerdem sehr schwer, mit einem Partner umzugehen, der leidet, es aber nicht offen zeigt. Denn bei einer Depression lassen sich keine Rückschlüsse auf das Ausmaß der Krankheit ziehen. Die Chancen, daß sie überwunden werden kann und der Betroffene sich wieder ganz erholt, sind allerdings groß. Doch dabei ist er in hohem Maße auf die Hilfe und das Verständnis seiner Umgebung – besonders aber auf die seines Partners – angewiesen.

DIE URSACHEN DER SEXUELLEN DEPRESSION

Ereignisse in unserem Leben, auf die wir keinen Einfluß haben – beispielsweise der Tod eines geliebten Menschen oder auch Arbeitsüberlastung –, können dazu führen, daß wir glauben, nicht mehr in der Lage zu sein, mit der Situation und dem Leben fertig zu werden. Dies kann wiederum zum Verlust des sexuellen Verlangens führen. Häufige Ursachen für Depressionen (auch sexuelle Depressionen) sind belastende Lebensereignisse, etwa ein Trauerfall, eine Trennung oder Scheidung, Arbeitslosigkeit, eine berufliche Veränderung oder ein Umzug. Hormonelle Umstellungen, wie sie in der Pubertät oder den Wechseljahren auftreten, können ebenfalls dafür verantwortlich sein. Eine hormonell bedingte Depression kann darüber hinaus auch durch Faktoren wie das prämenstruelle Syndrom (PMS), eine Geburt (postnatale Depression) und gelegentlich auch durch Impotenz ausgelöst werden. Und nicht zuletzt kann auch eine Krankheit die Ursache sein. Bestimmte Medikamente wie Beruhigungsmittel, Antihistamine und Mittel zur Kontrolle der Blutfettwerte und des Blutdrucks können das sexuelle Verlangen ebenfalls vermindern. Depressionen können zu Gefühlen der Unzulänglichkeit und der Unsicherheit führen. Ihr Partner könnte dies wiederum so empfinden, als seien Ihre Gefühle für ihn abgekühlt, und sich zurückgewiesen fühlen, so daß er unbewußt den Druck auf Sie erhöht, indem er nach Bestätigung sucht, die Sie ihm aber in diesem Moment nicht geben können.

STRESS IM ALLTAG
Maria (siehe Seite 136–139, war erleichtert, daß Julios Distanziertheit nicht darauf zurückzuführen war, daß er das Interesse an ihr verloren hatte.

EXTREME GEFÜHLE

MANGELNDES VERLANGEN

Angst und Depressionen können die Sexualität abtöten. Weil Julio Angst hatte, bankrott zu gehen, hatte er keinerlei Interesse mehr an Sex. Seine Frau Maria glaubte, sie sei schuld daran. Doch der Versuch, Julio mit erotischen Dessous zu verführen, scheiterte leider.

DIE SCHULD AUF SICH NEHMEN

Häufig gehen Frauen davon aus, daß sie irgend etwas falsch machen, wenn ihr Mann das Interesse an ihnen verliert. Maria glaubte, für ihren Mann Julio nicht mehr attraktiv zu sein, obwohl sie seit der Therapie, die sie gemacht hatten, weil Julio sie nie zu Wort kommen ließ (*siehe Seite 62–65*), guten und liebevollen Sex genossen hatten. »Jetzt kann ich von Glück sagen, wenn er alle sechs Wochen mal mit mir schläft«, berichtete sie. »Und selbst dann muß ich ihn mit aller Geduld rumkriegen.«

ANGST

»Ich habe schreckliche Angst, daß er mich nicht mehr begehrt«, schluchzte Maria. »Ich habe mich schon gefragt, ob vielleicht eine andere Frau im Spiel ist, aber er schwört, daß das nicht so ist. Er sagt, er sei einfach zu müde, um mit mir zu schlafen, weil er Sorgen hat. Ich ziehe mir sogar erotische Dessous an, wenn wir ins Bett gehen. Die schwarzen Strümpfe nebst passendem Strumpfgürtel fand er besonders aufreizend.«

MANGELNDES VERLANGEN

SORGEN

Julio weigerte sich, seine Frau zur Eheberatung zu begleiten, und so konnte sie freiheraus sprechen. Sie erklärte, sie und ihr Mann hätten eine sehr enge intime Beziehung, aber ihr Mann mache sich in letzter Zeit Sorgen, sein Geschäft könne bankrott gehen. Er hatte verzweifelt versucht, den Umsatz zu steigern, weil das Auskommen mehrerer Familienmitglieder vom Fortbestand seiner Firma abhing. »Ich habe mein Bestes getan, um ihn zu unterstützen«, erklärte Maria.

ABWEISUNG

Sie berichtete, sie hätten jetzt ein Stadium erreicht, wo sie sich ungeliebt und abgewiesen fühle. »Plötzlich will Julio über nichts mehr reden – er weigert sich einfach. Aber ich muß eine Lösung finden, weil ich sonst verrückt werde. Ich weiß, daß der Zeitpunkt nicht gerade ideal ist, um ihn zum Reden zu bringen, weil er sich solche Sorgen wegen des Geschäfts macht. Aber was kann ich sonst noch tun?«

ANMERKUNGEN ZUM FALL

MARIA UND JULIO

Depressionen können viele Formen annehmen. Doch häufig machen sie sich durch einen Verlust des sexuellen Verlangens bemerkbar. Weil Julio seine Sorgen in sich hineinfraß, wurde er immer depressiver. Maria sah nur sein mangelndes sexuelles Interesse, nicht seine eigentlichen Sorgen. Sie glaubte zwar, Julio sei nicht mehr an ihr interessiert, konnte aber keine Erklärung dafür finden. Als sie erkannte, daß seine beruflichen Probleme die Ursache waren, konnte sie handeln. Sie bot ihm ihre Unterstützung an und übte nicht noch mehr Druck auf ihn aus. So gelang es ihr, ihre Beziehung – und damit Julios sexuelles Verlangen – wieder ins richtige Fahrwasser bringen. Die Eheberatung half, den Grund seiner Depression aufzudecken, und zeigte ihnen, wie sie damit umgehen konnten (siehe Seite 140).

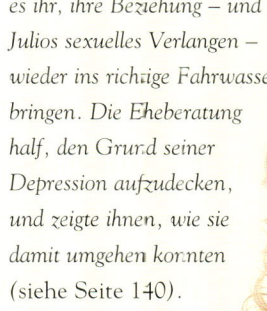

Es kann sehr beunruhigend für Ihren Partner sein, wenn Sorgen Sie daran hindern, seine – oder ihre – Liebe anzunehmen

EXTREME GEFÜHLE

Das Verlangen neu entfachen

Julios mangelndes sexuelles Interesse beunruhigte Maria deshalb so sehr, weil sie sich selbst daran die Schuld gab. Doch durch die Gespräche in der Eheberatung erkannte sie bald, was die eigentliche Ursache war, und konnte so ihre Beziehung wieder aufbauen.

DIE URSACHE FINDEN

Als sich Maria mit anderen Problembereichen auseinandersetzte, stellte sich heraus, daß Julio allgemein Schwierigkeiten mit seiner Gesundheit hatte. Er konnte nicht schlafen, wachte nachts immer wieder auf, grübelte ständig über seine Sorgen nach, fühlte sich erschöpft und aß wenig. Er zeigte also die klassischen Anzeichen einer Depression, die sich häufig auch in mangelndem sexuellem Interesse manifestiert.

DIE SORGEN TEILEN

Maria war sehr erleichtert, als sie erfuhr, daß ihr Mann sie nicht deswegen weniger begehrte, weil sie für ihn nicht mehr attraktiv war. Sie erklärte, sie wolle alles Erdenkliche tun, um ihm zu helfen. Dabei reicht es häufig schon aus, wenn der Partner die Sorgen des anderen teilt. Deshalb erklärte sich Maria bereit, Julio dazu zu ermutigen, seine Schwierigkeiten öfter mal bei ihr abzuladen.

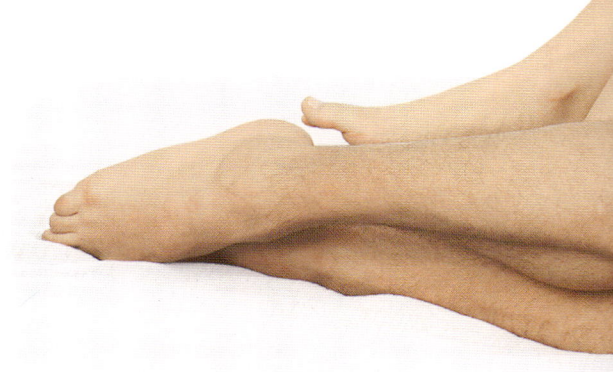

DAS VERLANGEN NEU ENTFACHEN

DEN ANDEREN ENTLASTEN

Da Julio sich weigerte, zur Eheberatung zu gehen oder einen Arzt aufzusuchen, war Maria ganz auf sich selbst gestellt. Sie handelte, indem sie ihm versicherte, daß er sich ganz auf ihre Hilfe verlassen könne, und übernahm alle Aufgaben im Haushalt, um ihn zu entlasten. Außerdem widerstand sie ihrem Verlangen, ihn zum Sex zu drängen. Natürlich zeigte sie ihm weiterhin auf jede erdenkliche Weise, daß sie ihn noch immer attraktiv fand und ihn sehr liebte. Dabei ist es nicht einfach, die Depressionen eines anderen Menschen zu ertragen, wenn sich der Betroffene weigert, professionelle Hilfe anzunehmen.

DIE INTIMITÄT STELLT SICH WIEDER EIN

Durch ihre Liebe und die Sorge um ihren Mann brachte Maria die nötige Geduld auf und bezweifelte nie, daß sich die Situation verbessern würde. Julios Geschäft überstand schließlich die Krise, und danach stellte sich auch sein sexuelles Verlangen wieder ein.

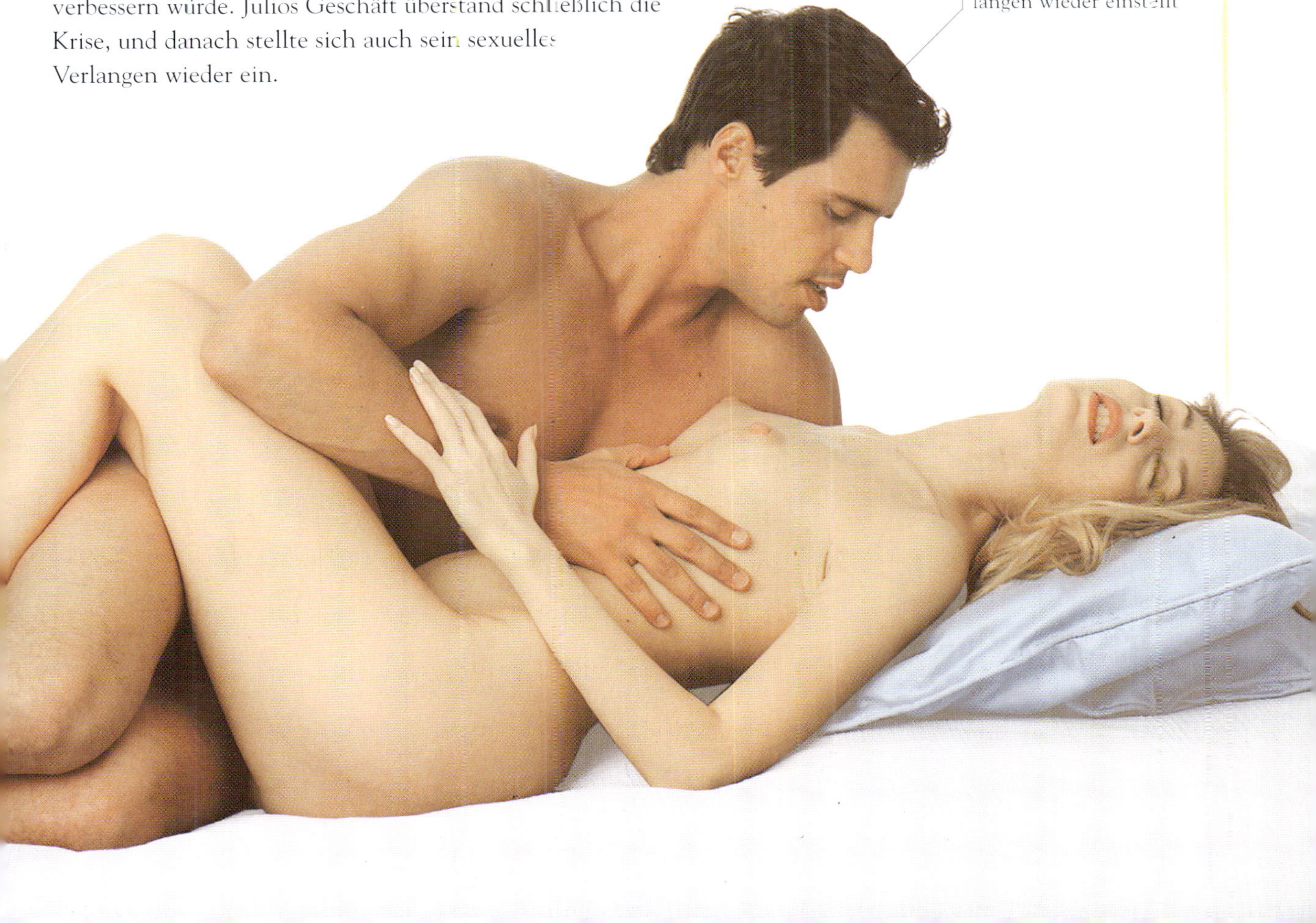

Es ist ein wunderbares Gefühl, wenn der Partner seine Sorgen überwunden hat und sich das sexuelle Verlangen wieder einstellt

EXTREME GEFÜHLE

DEPRESSIONEN ÜBERWINDEN

Haben Sie sich je so hilflos gefühlt, daß Sie selbst mit einfachen Aufgaben nicht zurechtkamen? Hat Sie ein anstehendes Meeting je mit Furcht erfüllt? Hatten Sie je das Gefühl, wertlos oder schwach zu sein? Wenn Sie eine dieser Fragen mit Ja beantworten können, wissen Sie vielleicht auch, wie wichtig eine positive Einstellung ist, um Depressionen zu verstehen, dagegen anzugehen und sich von ihnen zu erholen.

LEICHTE DEPRESSION
Angst, Launenhaftigkeit, Weinerlichkeit, Müdigkeit, Reizbarkeit, Konzentrationsschwäche

MITTELSCHWERE DEPRESSION
Schlaflosigkeit, Appetitlosigkeit, vermindertes sexuelles Verlangen, Lethargie

SCHWERE DEPRESSION
Schuldgefühle, Gefühle von Wertlosigkeit, Gedanken an Tod, Halluzinationen

TYPISCHE SYMPTOME EINER DEPRESSION
Die meisten Menschen gehen mit den kleineren Alltagssorgen relativ gelassen um. Für andere können sie so bedrohlich werden, daß sie zu ernsteren Symptomen, ja sogar zu Selbstmordgedanken führen.

Eine Depression läßt sich auf zwei Arten behandeln: Mit psychologischer Beratung und Gesprächstherapien, in denen echte, auf tatsächlichen Ereignissen beruhende Sorgen aufgearbeitet werden. Auf diese Weise können Sie jene Lebensbereiche, mit denen Sie nicht mehr zurechtkommen, in die richtige Perspektive rücken. Eine zweite Behandlungsmethode besteht in der Verabreichung von Antidepressiva. Sie schlagen bei über 70 Prozent der Patienten an, und obwohl die positiven Wirkungen möglicherweise nicht anhalten, bieten sie kurzfristige Erleichterung und können Ihrer Selbstachtung Auftrieb geben, so daß Sie wieder in der Lage sind, klare Gedanken zu fassen. Wenn Depressionen nicht offensichtlich mit einem Lebensereignis, beispielsweise einem Trauerfall, in Zusammenhang stehen, können beide Methoden eingesetzt werden. Nach einer medikamentösen Behandlung kann eine weiterführende Beratung helfen, die Auslöser der Depression zu erforschen und an ihnen zu arbeiten.

DEPRESSION ALS SELBSTSCHUTZ

In manchen Fällen kann eine vorübergehende Depression dazu dienen, daß Sie sich besser um sich selbst »kümmern«, wenn Sie sich durch zu große Veränderungen oder ein Übermaß an Gefühlen bedroht fühlen. Wenn Sie mit zu vielen emotionalen oder mentalen Belastungen konfrontiert werden, quittiert Ihr Körper dies möglicherweise damit, daß er Sie zwingt, eine Pause zu machen, damit Sie Ihre Kraft wiedererlangen können. Vielleicht ist es genau das, was Sie brauchen, wenn Sie sich ins Bett legen, die Bettdecke über den Kopf ziehen und sagen: »Ich kann mich jetzt nicht damit auseinandersetzen.« So gelingt es Ihnen, die Welt in ein paar Tagen erfrischt und mit völlig anderen Augen zu sehen. Wenn Ihre Depression allerdings länger andauert, sollten Sie professionelle Hilfe einholen. Denken Sie daran: Depressionen sind eine Möglichkeit des Körpers, Ihnen mitzuteilen, daß Sie mit den Emotionen, von denen Sie förmlich überschwemmt werden, nicht mehr zurechtkommen. Diese Gefühle teilen Ihnen also mit, daß sich etwas ändern muß, selbst wenn dazu ein Nervenzusammenbruch erforderlich ist. Nach einem solchen Ereignis sind die wenigsten Menschen noch dieselben.

Hilfe suchen und geben

Das Beispiel der Depression zeigt, warum es so wichtig ist, seinen Gefühlen Ausdruck zu verleihen. Sobald Sie sie erst einmal in Worte gefaßt haben, werden Sie frei für Veränderungen sein. Ihr Partner zwingt Sie möglicherweise zu einer Reaktion, indem er Ihre Gefühle kommentiert. Vielleicht erkennen Sie aber auch, daß er ähnlich empfindet und deshalb in der Lage ist, Lösungen anzubieten. Möglicherweise brauchen Sie nur jemanden, der Ihnen zuhört. Wenn Sie sich Sorgen machen, daß Ihr Partner Ihre Gefühle als Schwäche betrachtet oder Sie ihretwegen für unfähig hält, kann das die eigentliche Ursache Ihrer Depression sein. Ein hilfreicher Partner kann Ihnen sowohl die Angst als auch die Depressionen nehmen.

TEAMWORK
Eine Depression kann eine Beziehung zerstören. Beide Partner müssen hart daran arbeiten, um entstehende Probleme zu überwinden.

Mit sexuellen Depressionen fertig werden

Wenn Sie unter sexuellen Depressionen leiden, gibt es mehrere Schritte, die Ihnen behilflich sein werden, die Symptome der aktuellen Probleme zu erleichtern. Sie sind allerdings nur bei den leichteren Formen einer Depression geeignet. Bei einer akuten oder langanhaltenden Depression ist es hingegen unbedingt erforderlich, daß Sie so schnell wie möglich einen Arzt konsultieren.

Eine Frau, die unter prämenstruellen Depressionen leidet, könnte folgendes tun:
1. Sich die schwierigsten Tage ihres Monatszyklus aufzeichnen.
2. Eine Strategie für diese schwierigen Tage entwickeln, etwa besonders freundlich sein, oder einfach ihr Unwohlsein akzeptieren.
3. Versuchen, während der menstruationsfreien Tage besonders stark zu sein.
4. Regelmäßig Sport treiben und sich gesund ernähren – das hebt die Stimmung und steigert möglicherweise auch ihr sexuelles Verlangen.

Ein Mann, der infolge einer Depression unter Impotenz leidet, könnte folgendes tun:
1. Herausfinden, ob es irgendwelche körperlichen Ursachen für seine Symptome gibt.
2. Seinen Lebensstil überdenken, um Möglichkeiten zum Abbau von Streß zu finden.
3. Sich selbst stimulieren. Im Unterschied zum Geschlechtsverkehr steht man bei der Masturbation nicht unter »Leistungsdruck« und kann sexuelles Selbstbewußtsein aufbauen.

Wenn Ihre Depression mit Ängsten hinsichtlich Ihrer Partnerschaft zusammenhängt, kann eine Eheberatung dabei helfen, genau herauszufinden, wie es um Ihre Beziehung bestellt ist. Außerdem erhalten Sie dort Tips, wie Sie Ihre Beziehung verbessern können.

EXTREME GEFÜHLE

EIFERSUCHT

»Heerführer tötet Ehefrau in einem Anflug von Eifersucht. Getötete Frau unschuldig. Bester Freund in den Fall verwickelt.« Kommen Ihnen diese Schlagzeilen irgendwie bekannt vor? Sie beziehen sich auf Shakespeares Othello, *der vor etwa vierhundert Jahren geschrieben wurde. Doch die Eifersucht begleitet uns bereits seit Tausenden von Jahren, es gab sie also schon lange, bevor Shakespeare sich von ihr inspirieren ließ.*

Die Eifersucht ist ein rätselhaftes Gefühl, das von einer gewissen Unsicherheit bis hin zu einer krankhaften, nicht mehr kontrollierbaren Verhaltensänderung reichen kann. Die Ansichten zur Eifersucht haben sich mit der Zeit gewandelt. Noch Ende der siebziger Jahre galten Menschen, die unter Eifersucht litten, als krank. Man forderte sie auf, in sich hineinzuhorchen, um festzustellen, woher dieses angeblich unreife Gefühl herrührte. Heute glauben jedoch nur noch die wenigsten, daß ein kranker Geist für das Entstehen von Eifersucht verantwortlich ist. Fast jeder Mensch wird irgendwann einmal von Eifersuchtsgefühlen geplagt.

Eifersucht ist ein unangenehmes Gefühl, das jedoch kontrolliert und sogar als Motivationsquelle eingesetzt werden kann.

Ältere Geschwister können beispielsweise auf ein Neugeborenes eifersüchtig sein, was nicht heißt, daß sie grundsätzlich etwas gegen das Baby haben. Vielmehr sind sie unsicher, weil sich die Eltern und besonders die Mutter plötzlich stärker auf das andere Kind konzentrieren. Von der elterlichen Fürsorge für das ältere Kind wird es dann abhängen, wie sicher sich das betroffene Kind in seinem späteren Leben fühlt. Bei dem Rivalen muß es sich übrigens nicht unbedingt um ein Baby handeln. Vielleicht ist es auch der eigene Vater oder ein anderer Verwandter wie Großvater oder Großmutter, der die Aufmerksamkeit der Mutter stark in Anspruch nimmt.

POSITIVE EIFERSUCHT

Obwohl Eifersucht stets als negatives Gefühl dargestellt wird, kann sie auch positive Auswirkungen haben. In manchen Fällen können Eifersuchtsgefühle eine eingefahrene Beziehung mit neuem Leben erfüllen. Dann nämlich, wenn man plötzlich feststellt, daß der Partner für andere Menschen attraktiv ist. Diese Erkenntnis kann den Betroffenen anspornen, seine Liebe für den Partner zu zeigen, und die Beziehung auf diese Weise fördern. Die Aufmerksamkeit, die dem Partner von einem Dritten geschenkt wurde, hat ein Schlaglicht auf Bereiche geworfen, die es zu verbessern gilt.

UNKONTROLLIERBARE EIFERSUCHT
Erwächst aus einem anfänglichen Verdacht – ob er nun begründet ist oder nicht – tiefes Mißtrauen, sucht man ständig nach Dingen, die dieses Gefühl bestätigen. Findet man eine solche Bestätigung, steigert sich die Eifersucht, selbst wenn der Partner alle Anschuldigungen zurückweist. Schließlich kommt man dann an einen Punkt, wo die Eifersucht das gesamte Verhalten beherrscht.

DEFIZITÄRE EIFERSUCHT

Claude Steiner, ein amerikanischer Psychologe, hat den Begriff der »defizitären Eifersucht« geprägt. Sie tritt auf, wenn ein Partner das Gefühl hat, die Beziehung sei unausgewogen oder unfair. Wenn sich beispielsweise die Ehefrau ständig um ihren Ehemann kümmert, für ihn kocht und darauf achtet, daß es ihm an nichts mangelt, wird sie verständlicherweise verärgert sein, wenn er immer zu müde ist, um sich mit ihr zu unterhalten, wenn er sie ignoriert, an den Wochenenden nur den eigenen Interessen nachgeht und ein nachlässiger Liebhaber ist. Kümmert sich dieser Ehemann dann unter dem Vorwand, Überstunden machen zu müssen, scheinbar »fürsorglich« um seine Sekretärin, ist es sehr wahrscheinlich, daß seine Frau mit Eifersucht reagiert, egal, ob ihr Mann nun tatsächlich Überstunden macht oder nicht.

Diese Form der Eifersucht läßt sich relativ leicht beheben. Fordert man das Paar dazu auf, seine Beziehung insgesamt zu überprüfen und sich nicht auf bestimmte Vorfälle zu beschränken, kann es die Beziehung in einem größeren Kontext sehen. In einer Situation wie der oben beschriebenen, hat die Ehefrau möglicherweise Angst davor, daß die Schwächen der Ehe offengelegt werden. Doch gerade das kann die Beziehung stärken und verbessern.

BEGRÜNDETE EIFERSUCHT

Vielfach gibt es ganz rationale Gründe für einen Anflug von Eifersucht. Kommt der Partner beispielsweise ein paarmal abends spät nach Hause und seine Frau findet ein Streichholzbriefchen mit einer Hoteladresse in seiner Jacke, für dessen Existenz er keinen Grund angeben kann, ist es ganz normal, daß die Ehefrau sein Verhalten mit Mißtrauen beobachtet.

Gelegentlich entsteht solches Mißtrauen nicht einmal durch so etwas Konkretes wie ein Streichholzbriefchen. Trotzdem spürt man, daß irgend etwas Merkwürdiges vor sich geht. Die Veränderungen im Verhalten des Partners mögen kaum erkennbar sein, aber der andere spürt, daß etwas passiert ist, weil er den Partner sehr gut kennt. Ist die Eifersucht begründet, wird man wahrscheinlich mit Eifersuchtsgefühlen reagieren. Die emotionale Sicherheit ist bedroht, und der Betroffene muß sich verteidigen. Dies sind ganz normale Reaktionen.

PATHOLOGISCHE EIFERSUCHT

Leider gibt es Menschen, die unter einer Form von Eifersucht leiden, die es ihnen fast unmöglich macht, aus diesen Gefühlen auszubrechen. Sie sind besessen, ängstlich und fühlen sich dazu getrieben, genauso zu reagieren, wie sie es tun. Da pathologische Eifersucht zwanghaft ist, läßt sie sich nur schwer behandeln. Doch neue Medikamente, die bei Ängsten und Depressionen eingesetzt werden, können – in Verbindung mit einer Therapie – dazu verhelfen, aus diesem Teufelskreis auszubrechen.

DIE ZEICHEN DEUTEN
Petras Eifersucht (siehe Seite 144–147) war begründet: Ihr Ehemann Takis betrog sie und traf sich mit einer anderen Frau.

EXTREME GEFÜHLE

MISSTRAUEN UND SCHULDGEFÜHLE

War ihre Eifersucht wirklich der Grund für ihre Affäre, fragte sich Petra, als sie anschließend unter Schuldgefühlen litt. Doch es war ihr Mann, der zuerst Ehebruch begangen hatte. Sie wußte nicht, ob sie das Recht hatte, eifersüchtig zu sein.

HILFREICHE THERAPIE

Schwierigkeiten ergeben sich daraus, daß es mindestens zwei Arten von Eifersucht gibt. Einmal kann sie auf die eigene Unsicherheit zurückzuführen sein und hat wahrscheinlich keine anderen Gründe. Bei der zweiten Form gibt es Hinweise, die unter Umständen auf die Wahrheit hindeuten. Petras Problem bestand darin, daß sie nicht so recht wußte, unter welcher Form von Eifersucht sie litt, und das wurde durch ihre Affäre noch kompliziert. Doch ihr lag viel an ihrer Ehe. Ein Grund dafür war, daß eine bereits abgeschlossene Therapie (*siehe Seite 46–49*) Petra und Takis geholfen hatte, ein befriedigendes Sexualleben zu entwickeln. Außerdem liebten beide ihr Kind sehr.

VERDACHT

»Monatelang fühlte ich mich schrecklich wegen seiner Flirts«, berichtete Petra. »Oft kam er erst spät nach Hause, und einmal nahm ich den Telefonhörer ab und erkannte die Stimme einer der Frauen, mit denen er regelmäßig flirtete. Ich war so eifersüchtig, daß ich ihn fast tätlich angriff, aber er stritt alles ab.«

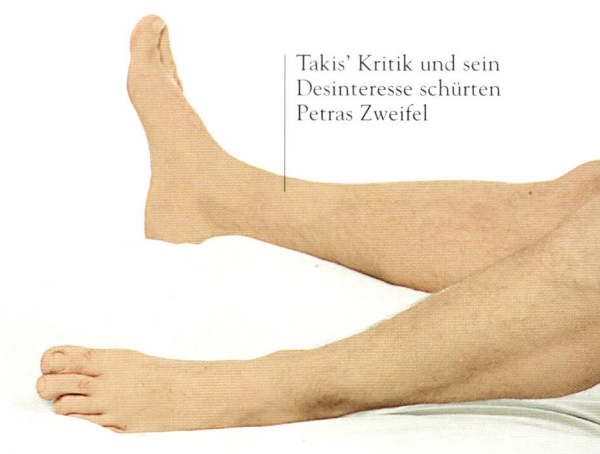

Takis' Kritik und sein Desinteresse schürten Petras Zweifel

MISSTRAUEN UND SCHULDGEFÜHLE

Petra litt wegen ihrer Affäre unter Schuldgefühlen

ANMERKUNGEN ZUM FALL

TAKIS UND PETRA

Obwohl Petra ihre Ängste nur schwer konkretisieren konnte, stellte sich heraus, daß ihr Mißtrauen hinsichtlich ihrer Ehe berechtigt war. Takis hatte eine Affäre gehabt, Petra ihrerseits hatte sich mit einem Seitensprung gerächt, und jetzt vermittelte Takis seiner Frau absichtlich Minderwertigkeitsgefühle.

Funktionierende Vereinbarungen
Ein Hauptgrund für Streitereien ist sicherlich der, daß einer der Partner glaubt, der andere betrüge ihn. Selbst wenn sie zu einer annehmbaren, funktionierenden Vereinbarung kommen und zusammenbleiben (siehe Seite 148), hat der verletzte oder »unschuldige« Teil vielleicht noch oft das Bedürfnis, darüber zu reden. Das kann für den »Schuldigen« hart sein, da er wahrscheinlich versucht, wieder Normalität in die Ehe einkehren zu lassen.

VERLETZENDE KRITIK
Leider verschlimmerte Takis, unabhängig davon, ob er tatsächlich eine Affäre hatte oder nicht, die Situation, indem er Petra ständig – sogar vor Freunden – herabsetzte und sie und ihre Liebestechniken, die er früher als sehr erregend empfunden hatte, laufend kritisierte.

SCHULDGEFÜHLE
»Schließlich nahm ich die Einladung des nächstbesten Mannes an«, fuhr sie fort, »und schlief mit ihm. Hinterher fühlte ich mich besser, litt aber auch unter Schuldgefühlen. Ich bin mir jetzt nicht mehr sicher, ob Takis tatsächlich etwas mit anderen Frauen hatte. Ich fühle mich unwohl, wenn ich daran denke.«

EXTREME GEFÜHLE

Grenzen setzen

Als Petra erkannte, daß ihr Mann ihr Minderwertigkeitsgefühle einflößte und sie damit verunsicherte, konnte sie sich behaupten, ihm Grenzen setzen und ihm klar machen, daß ihre Geduld nicht unerschöpflich war. Schließlich machte sich diese Taktik bezahlt.

UNSICHERHEIT
Petra war so vernünftig, Hilfe zu suchen, und zwar nicht unbedingt wegen ihrer Eifersucht, sondern weil in ihrer Ehe ein Ungleichgewicht zu bestehen schien, das es Takis ermöglichte, sich überlegen zu fühlen, während sie sich als die Unterlegene empfand. Dies war kein gesunder Zustand und die Ursache für Petras Unsicherheit.

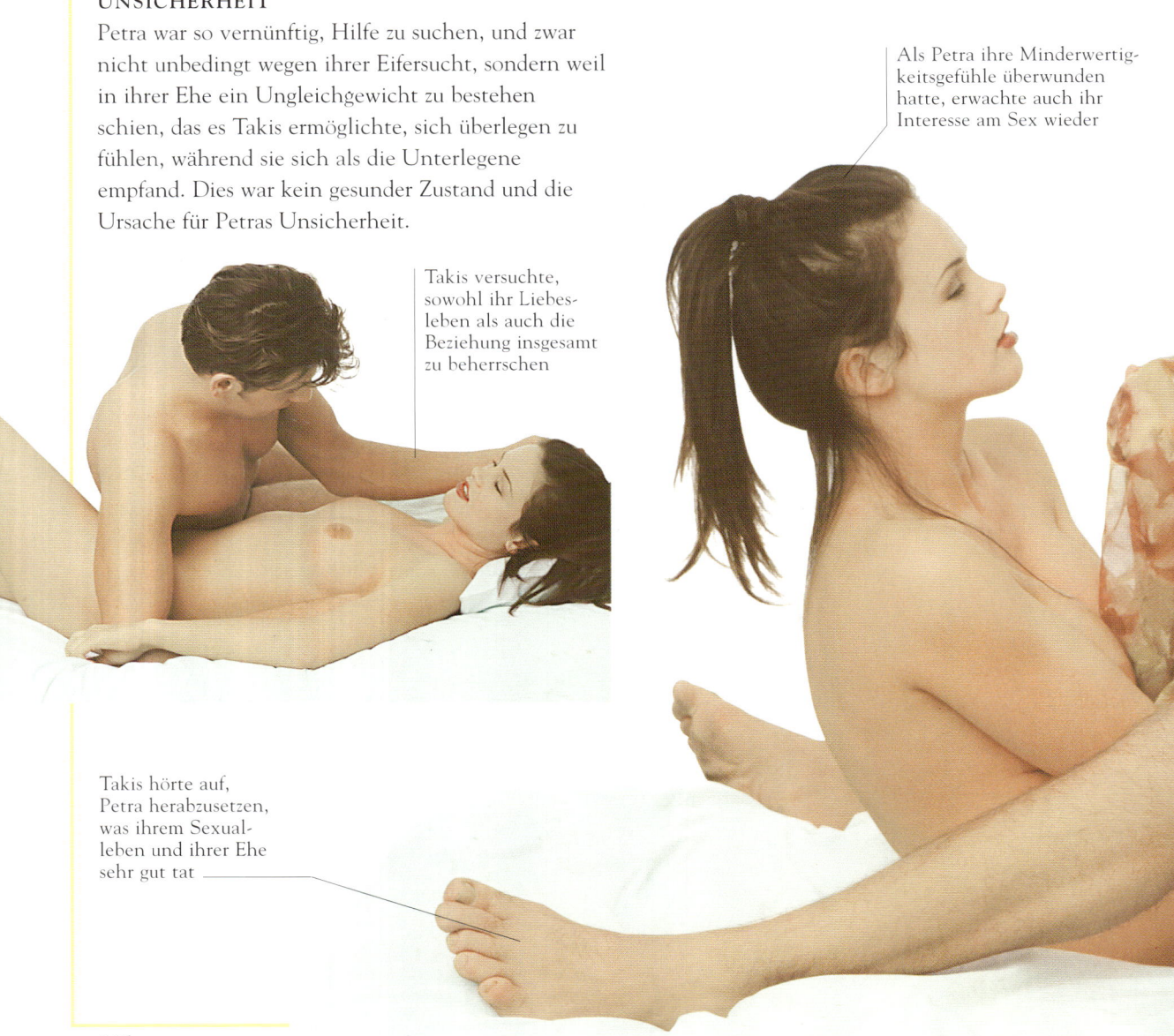

Takis versuchte, sowohl ihr Liebesleben als auch die Beziehung insgesamt zu beherrschen

Als Petra ihre Minderwertigkeitsgefühle überwunden hatte, erwachte auch ihr Interesse am Sex wieder

Takis hörte auf, Petra herabzusetzen, was ihrem Sexualleben und ihrer Ehe sehr gut tat

GRENZEN SETZEN

SELBSTBEHAUPTUNG

Petra ging das Problem auf zwei Arten an: Als erstes beschloß sie, Takis jedesmal herauszufordern, wenn er grob war. Zweitens ging sie dazu über, ihm ihre Gefühle zu offenbaren. Wenn sie sich ständig unterlegen fühlte, konnte sie ihren Mann nicht mehr lieben. Wollte er das wirklich? Zunächst schloß er mit ihr Frieden, doch als er entdeckte, daß sie eine Affäre hatte, begann er wieder, mit anderen Frauen zu flirten.

Durch seine Affäre wurde Takis noch unsicherer, was er für seine Frau empfand

Takis fand seinen Respekt und seine Liebe für Petra wieder

AUSSÖHNUNG

Petra kam zwei Jahre später wieder zur Eheberatung und berichtete, Takis habe das Gefühl, daß er mit ihrem Kind um ihre Zuneigung konkurriere, und er habe sich deshalb von ihr zurückgezogen. Schließlich war er sogar mit einer anderen Frau zusammengezogen. Doch ein paar Wochen später wollte Takis sich überraschend mit ihr aussöhnen. Er erkannte, daß das, was er ursprünglich an Petra geliebt hatte, noch immer vorhanden war, und daß seine Familie ihm wichtiger war als die neue Geliebte. Petra hatte dieselben Gefühle. Glücklicherweise konnte sie ihm seine Untreue verzeihen und nahm ihn wieder bei sich auf.

EXTREME GEFÜHLE

DIE EIFERSUCHT BESIEGEN

Es ist allgemein anerkannt, daß Eifersucht und geringe Selbstachtung einander bedingen. Partner, die sich in ihrer Beziehung sicher fühlen und selbstbewußt sind, werden wahrscheinlich von irrationaler Eifersucht viel weniger geplagt. Bei Menschen, die unter Unsicherheit und Zweifeln dem Partner gegenüber litten, stellte man hingegen fest, daß sich das Ausmaß und die Häufigkeit von Eifersuchtsgefühlen verringerten, als sie lernten, weniger abhängig zu sein und mehr auf sich zu vertrauen.

Der Psychologe Claude Steiner glaubt, daß man einige der mit der Eifersucht einhergehenden Gefühle bewältigen kann, wenn man die Eifersucht als Herausforderung sieht und nicht als ein negatives Gefühl, vor dem man Angst haben muß. Er meint, es sei für die Betroffenen sehr hilfreich, genau zu ergründen, was diese Eifersuchtsgefühle bedeuten und woher sie rühren.

SICH MIT DER EIFERSUCHT AUSEINANDERSETZEN

Wenn Ihre Eifersucht begründet ist, sollten Sie Ihren Partner bitten, mit Ihnen darüber zu reden. Machen Sie sich klar, daß ein solches Gespräch schmerzhaft sein kann, aber es ist wichtig, um zum Kern des Problems vorzudringen. Sagen Sie Ihrem Partner, daß Sie den Eindruck haben, daß Ihre Beziehung nicht mehr im Mittelpunkt steht. So können Sie herausfinden, was ihm an der Beziehung mißfällt und was bei ihm Langeweile oder Depressionen auslöst. Ist die Situation bereits so verfahren, daß Sie sie nicht mehr allein lösen können, sollten Sie einen Eheberater oder einen anderen Fachmann aufsuchen.

EHRLICHKEIT UND UNTERSTÜTZUNG

Hat Ihr Partner das Gefühl, Sie bezichtigen ihn der Untreue, dann fassen Sie Ihre Gefühle möglicherweise nicht in die richtigen Worte. Sie sollten deshalb versuchen, Ihr Bedürfnis nach Sicherheit auszudrücken und Ihre Ängste offen aussprechen, da Ihr Partner Sie sonst nicht unterstützen kann. Teilt Ihr Partner Ihnen hingegen mit, daß er eifersüchtig ist, sollten Sie sich fragen, ob Sie vielleicht eine gewisse Schuld daran tragen, weil Sie ihm nicht genug Sicherheit gegeben haben. Fällt es Ihnen und Ihrem Partner schwer, über die der Eifersucht zugrundeliegenden Gefühle zu reden, sollten Sie einander helfen und versuchen, den Schmerz als Anreiz für eine Veränderung anzusehen – Ihre Beziehung sollte es Ihnen wert sein.

Diskutieren Sie das Problem mit Ihrem Partner

Analysieren Sie das Problem, um den wahren Grund herauszufinden

Versichern Sie einandern, daß Sie gemeinsam an der Lösung des Problems arbeiten werden

Vereinbaren Sie die notwendigen Maßnahmen

Führen Sie die Veränderungen durch

DER UMGANG MIT EIFERSUCHT
Eine rationale Betrachtung der Eifersucht kann Ihnen helfen, die damit einhergehenden Gefühle und die Schwachpunkte Ihrer Beziehung in die richtige Perspektive zu rücken.

MIT DEFIZITÄRER EIFERSUCHT UMGEHEN

Bei defizitärer Eifersucht müssen sich beide Partner auf das Aufarbeiten der Probleme konzentrieren, die der Eifersucht zugrunde liegen. Die »Geben und nehmen«-Übung kann dabei sehr hilfreich sein. Glaubt eine Ehefrau, ihr Mann vernachlässige sie und konzentriere sich stärker auf seinen Beruf, ein Hobby oder Freunde, wird er auf ihre Eifersucht möglicherweise mit Verärgerung reagieren. Arbeitet er aber daran, seiner Frau mehr Sicherheit zu geben, wird sie wahrscheinlich glücklicher und zugänglicher werden. Dies führt dazu, daß er mehr Zeit mit ihr verbringen will und sich beide in ihrer Beziehung wieder sicher fühlen.

SELBSTHILFE

Auch wenn Ihr Partner Sie sehr unterstützt, besteht der größte Schritt zur Überwindung der Eifersucht darin, sich selbst schätzen zu lernen. Versuchen Sie, Möglichkeiten zur Stärkung Ihres Selbstwertgefühls zu finden. Richten Sie sich nicht nach anderen, wenn es um Ihre eigenen Fähigkeiten geht, und seien Sie stolz auf die Fähigkeiten, die Sie haben. Wenn Sie mit einem fast pathologischen Eifersuchtsproblem zu kämpfen haben, kann eine Psychotherapie notwendig sein, in der Sie über einen längeren Zeitraum über Ihre Probleme sprechen. Teil dieser Therapie kann auch eine medikamentöse Behandlung sein.

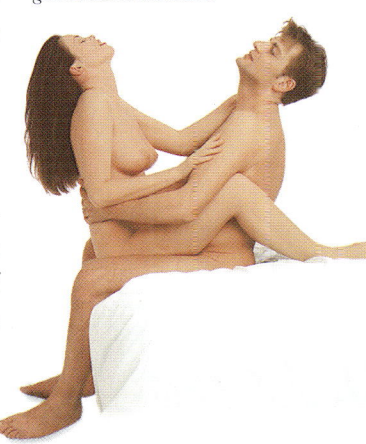

VERTRAUEN WIEDERGEWINNEN
Es mag schwer sein, Sie von einer unbegründeten Eifersucht zu überzeugen. Doch an der Überwindung Ihrer Ängste müssen Sie gemeinsam arbeiten.

MIT EIFERSUCHT UMGEHEN

Wenn Sie rational mit Ihrer Eifersucht umgehen, kann es für Ihre Beziehung sehr wichtig sein, herauszufinden, wodurch sie verursacht wurde. Dabei werden Sie möglicherweise entdecken, daß Unsicherheiten, die in der Kindheit entstanden sind, der Grund dafür sind. In diesem Fall kann diese Übung helfen, mit der Eifersucht umzugehen und Ihre Beziehung zu retten.

1. Sprechen Sie mit Ihrem Partner über mögliche Gründe für Ihre Eifersucht.
2. Untersuchen Sie, wie Beziehungen in Ihrer Kindheit Ihr Sicherheitsgefühl negativ beeinflußt und damit die Eifersuchtsgefühle verursacht haben könnten.
3. Fragen Sie Ihren Partner, wie Sie sich ändern könnten.
4. Versuchen Sie, diese Veränderungen vorzunehmen.
5. Versuchen Sie, nicht defensiv zu reagieren, sobald Sie eifersüchtig werden.
6. Konzentrieren Sie sich auf die wahren Ursachen Ihrer Eifersucht (d.h. auf Ihre Kindheit).
7. Lassen Sie sich von Ihrem Partner bei diesen Veränderungen unterstützen.
8. Akzeptieren Sie Hinweise auf eine vielleicht grundlose Eifersucht.
9. Lassen Sie sich durch Worte der Wertschätzung in Ihrem Selbstwertgefühl bestätigen.

Wenn Ihr Partner Ihnen wirklich helfen will, könnte er an Ihre Gefühle denken und versuchen, gelassen zu reagieren und beruhigend auf sie einzuwirken.

Das heißt jedoch nicht, daß Ihr Partner sich nicht mehr normal verhalten sollte! Es bedeutet einzig und allein, daß er ernsthaft versuchen muß zu verstehen, wie verletzt Sie sich fühlen, wenn er Sie durch sein Verhalten verunsichert.

TRAUER

Große Trauer ist ein anomaler Zustand, der sogar die Körperfunktionen beeinflussen kann. Es ist nicht ungewöhnlich, daß der Betroffene unter Appetitlosigkeit leidet oder daß bei Frauen für eine Weile die Menstruation aussetzt. Diese Gefühle können so extrem werden, daß der Trauernde zwanghaft und rachsüchtig wird.

Extreme Gefühle wie Trauer können sich durchaus negativ auf Ihr Sexualleben auswirken. Das ist nicht weiter überraschend, denn Trauer kann zu hormonellen Störungen führen. Noch schwieriger kann es sein, wenn die Trauer im Zusammenhang mit dem Tod oder der Abkehr eines geliebten Menschen steht. Es ist dann sehr wahrscheinlich, daß sie mit Schmerzen, Depressionen und Wut einhergeht, und der Körper in einer Art Selbstverteidigung die sexuellen Empfindungen blockiert. Andererseits kann der Geschlechtsverkehr auch ein Ventil für Schmerz sein, und der Trauernde sucht deshalb sexuellen Trost – nicht selten in den Armen einer Freundin oder einer früheren Geliebten.

SYMPTOME DER TRAUER

Trauer ist im wesentlichen ein Gefühl des Verlustes. Wir trauern um den Verlust aller Dinge, die wichtig für uns sind. Die ersten Reaktionen sind Schock und Erstarrung – vielleicht eine Hilfe der Natur, um uns vor Panik und Schmerz zu schützen. Nach ein paar Tagen oder Wochen stellen sich dann neue, viel schwierigere Gefühle ein. Anfänglich wird das Ereignis möglicherweise verdrängt, und der Betroffene will nicht akzeptieren, daß ein bestimmter Mensch nicht mehr da ist. Er kann sogar so depressiv werden, daß er glaubt, ohne diesen Menschen überhaupt nicht mehr leben zu können. Kommt ein Mensch auf tragische Weise ums Leben, werden Sie unter Umständen sehr wütend, weil er Sie verlassen hat. Außerdem fühlen Sie sich vielleicht schuldig oder verantwortlich für seinen Tod. Verzweiflung kann einsetzen, wenn Sie erkennen, daß dieser Mensch Sie nie wieder lieben wird, oder wenn Sie sich klarmachen, daß es bestimmte Dinge gibt, die nie zu Ende geführt oder zwischen Ihnen geklärt wurden.

Trauer ist die natürliche Reaktion auf den Verlust eines geliebten Menschen und sollte ausgedrückt und nicht erstickt werden.

MIT VERLUSTEN UMGEHEN

Sie sollten weinen, schreien und Ihre Gefühle herauslassen. Es ist wichtig, daß Ihr Partner Sie versteht und Ihr Bedürfnis, auf ureigenste Weise zu trauern, akzeptiert. All diese Symptome sind normal und gesund. Ihre Trauer kann lange Zeit anhalten, und Jahres- oder Festtage können diese Gefühle, die Sie schon überwunden zu haben glaubten, erneut wachrufen. Schließlich werden Sie jedoch gestärkt aus Ihrer Trauer hervorgehen und sich dem Leben wieder zuwenden können.

Die sexuelle Komponente

Emotionale Symptome können oft körperliche Reaktionen hervorrufen. Wenn Ihnen der Verlust des sexuellen Verlangens Kopfzerbrechen bereitet, müssen Sie sich keine Sorgen machen. Es wird sich wieder einstellen, aber dazu braucht es Zeit und Geduld. Erklären Sie das Ihrem Partner, damit er die Sache nicht persönlich nimmt – es kann für einen neuen Partner, so verständnisvoll er auch sein mag, sehr schwer sein zu akzeptieren, daß er kein vollwertiger Ersatz für den Verstorbenen ist. Nehmen Sie sich in die Arme und versuchen Sie, einander nah zu sein. So spüren Sie beide, daß Liebe und gegenseitige Unterstützung nicht ebenfalls verlorengegangen sind.

Trauert Ihr Partner und hat deshalb Probleme mit seinem sexuellen Verlangen, sollten Sie das respektieren und rücksichtsvoll sein. Zwingen Sie einen Trauernden nicht, Ihren Wunsch nach Befriedigung zu erfüllen, und machen Sie seinen Kummer nicht noch größer, indem Sie auf eine echte oder nur vermeintliche Abwendung reagieren.

»Eingefrorene« Trauer

Hin und wieder zeigen trauernde Menschen abnorme Trauerreaktionen. Unter Umständen wird die Trauer völlig blockiert, was zur Folge hat, daß die Gefühle gewissermaßen eingefroren werden. Für den Leidenden ist das normalerweise kein Problem, wohl aber für seinen Partner. Mit Geduld und Ermutigung kann man schließlich aber doch erreichen, daß sich beim Trauernden Tränen und ein Verlustgefühl einstellen, und die Emotionen freigesetzt werden.

Zwanghafte Trauer

In seltenen Fällen kommt es vor, daß Menschen manisch auf Trauer reagieren. Wenn Sie auf diese Weise mit Verlusten umgehen, erledigen Sie Aufgaben, die mit dem Toten zu tun haben, möglicherweise sehr schnell und versuchen, Ihre Gefühle rasch wieder unter Kontrolle zu bekommen. Das kann sich auch in einem zwanghaften Verlangen nach Sex äußern.

Neubeginn

Haben Sie Ihren Partner verloren, kann es einige Zeit dauern, bis Sie sich in Gesellschaft des anderen Geschlechts wieder wohl fühlen. Es ist wichtig, daß Sie nicht das Gefühl haben, etwas beweisen zu müssen. Wenn Sie einen anderen Menschen finden, der Ihnen etwas bedeutet, sollten Sie Ihre Gefühle ehrlich äußern, damit Sie wie Klaus und Janine (*siehe Seite 152–155*) Schwierigkeiten gemeinsam angehen und sich gegenseitig mit Geduld unterstützen können.

Trauer bei einer Scheidung

Die meisten Menschen erleben eine Scheidung als einen großen Verlust und fühlen sich ähnlich wie bei einem Todesfall. Bei einer Scheidung sind die Gefühle allerdings vielfach weniger eindeutig, weil man in der Regel absichtlich vom anderen verlassen wurde. Manche stellen dann fest, daß es ihnen hilft, mit Freunden zu sprechen, während andere versuchen, allein zurechtzukommen. Eine Trauerberatung kann Männern und Frauen helfen, die ihre Trauer nicht mehr aus eigener Kraft überwinden können.

Neubeginn

Klaus und Janine (siehe Seite 152-155) machten zu Beginn ihrer Beziehung schwierige Zeiten durch, denn Klaus' Trauer überschattete ihre Liebe.

EXTREME GEFÜHLE

EIN NEUBEGINN

War man seinem Partner immer treu, wird sein Tod einen wahrscheinlich vollkommen aus der Bahn werfen. Klaus mußte feststellen, daß er zu seiner neuen Partnerin Janine einfach keine richtige Beziehung aufbauen konnte, obwohl er es wollte, denn im entscheidenden Augenblick fühlte er sich jedesmal schuldig.

ERFKTIONSSCHWIERIGKEITEN

Obwohl Klaus seine neue Partnerin Janine begehrte, ließ seine Erektion jedesmal nach, wenn er in sie eindringen wollte. Er hatte Janine schon mit den Händen zum Höhepunkt gebracht, aber er war traurig und sorgte sich, daß er vielleicht nie wieder eine richtige körperliche Beziehung haben könnte. Er wünschte sich das aber sehr, weil seine Beziehung zu Janine ihm über den Tod seiner Frau Tina hinweghalf.

BEEINTRÄCHTIGTE REAKTION

Trauer kann das Sexualleben auf verschiedene Weise beeinflussen. Das sexuelle Verlangen kann abnehmen oder eine Zeitlang ganz verlorengehen, weil man so stark an einen Partner gewöhnt sein kann, daß man unbewußt das Gefühl hat, es sei falsch, mit einem anderen Menschen intim zu werden. Auch bei Klaus war das der Fall.

EIN NEUBEGINN

ANMERKUNGEN ZUM FALL

KLAUS UND JANINE

In langbestehenden Beziehungen etablieren wir feste Muster beim Liebesspiel. Natürlich entstehen in der neuen Beziehung neue Muster, aber Klaus hielt es für seine Pflicht, seiner verstorbenen Frau treu zu sein. Der Verlust des sexuellen Verlangens ist nur eine Möglichkeit, mit der das Unterbewußtsein dem trauernden Menschen durch körperliche Reaktion zeigt, wie sehr er dem Verstorbenen verbunden ist. Es zeigt, daß der Betroffene die Traurigkeit in seinem Innern noch loslassen muß. Klaus mußte sich Zeit zum Trauern zugestehen (siehe Seite 156) und sich an seine neue Partnerin gewöhnen. Das konnte er erreichen, indem er sich, bis er seine Trauer überwunden und wieder bereit zum Geschlechtsverkehr sein würde, auf liebevollen Sex konzentrierte, der nicht zum Geschlechtsakt führte.

TREUE

Klaus, der mit seiner verstorbenen Frau schon einmal bei der Eheberatung gewesen war (*siehe Seite 68–71*), berichtete: »Tinas Krebstod war ein großer Schock für mich. Während unserer Ehe hatte ich keine anderen Sexualpartner. Ich wollte niemand anderen. Jetzt fühle ich mich stark zu Janine hingezogen und empfinde ganz normales Verlangen für sie, aber mein Körper läßt mich im Stich.«

GEFÜHLE DER TREULOSIGKEIT

»Janine und ich haben mehrfach versucht, uns zu lieben«, fuhr er fort. »Aber ich schaffte es nicht. Ich konnte ganz normal anfangen, aber immer, wenn ich versuchte, in sie einzudringen, sah ich Tina vor mir und hatte das Gefühl, meiner verstorbenen Frau untreu zu sein. Bisher war Janine sehr geduldig mit mir. Es fällt mir nicht schwer, beim Masturbieren eine Erektion zu bekommen und beizubehalten, also ist körperlich wohl alles in Ordnung bei mir.«

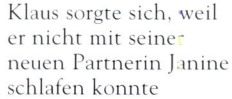

Klaus sorgte sich, weil er nicht mit seiner neuen Partnerin Janine schlafen konnte

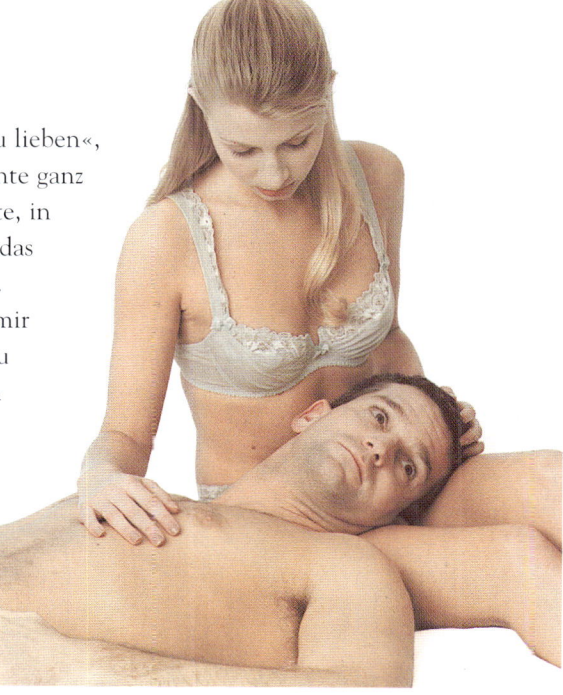

53

EXTREME GEFÜHLE

Sexuelles Glück wiederfinden

Natürlich entstehen mit einem neuen Sexualpartner auch neue Sexualmuster. Klaus erwartete aber, daß sie sich bereits nach sehr kurzer Zeit einstellten. Er mußte erst lernen, die Sache langsam anzugehen und sich Zeit nehmen, seine neue Partnerin zu entdecken.

SICH NAH BLEIBEN
Das Paar hatte ganz unbewußt bereits damit begonnen, statt des Geschlechtsaktes Sexualpraktiken wie sinnliches Berühren und Masturbation einzusetzen, die ihnen helfen würden, körperliche und emotionale Nähe herzustellen und aufrechtzuerhalten. Später gingen sie außerdem zu sexuellen Spielen und erotischen Massagen über (*siehe Seite 101 bis 106*) und konnten ihr Sexualleben so lebendig, aktiv und lustvoll halten, bis Klaus zum Geschlechtsverkehr bereit war.

UNGEDULD
Klaus räumte ein, daß für ihn beim Liebesspiel der Geschlechtsverkehr normalerweise das Wichtigste war und daß er dem Vorspiel bisher wenig Aufmerksamkeit geschenkt hatte. Vielleicht versuchte er deshalb, seine Beziehung zu Janine zu vollziehen, bevor er dazu bereit war.

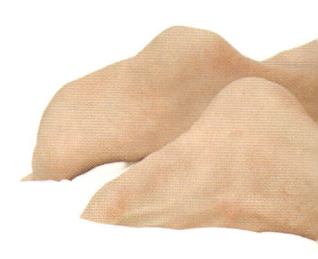

SEXUELLES GLÜCK WIEDERFINDEN

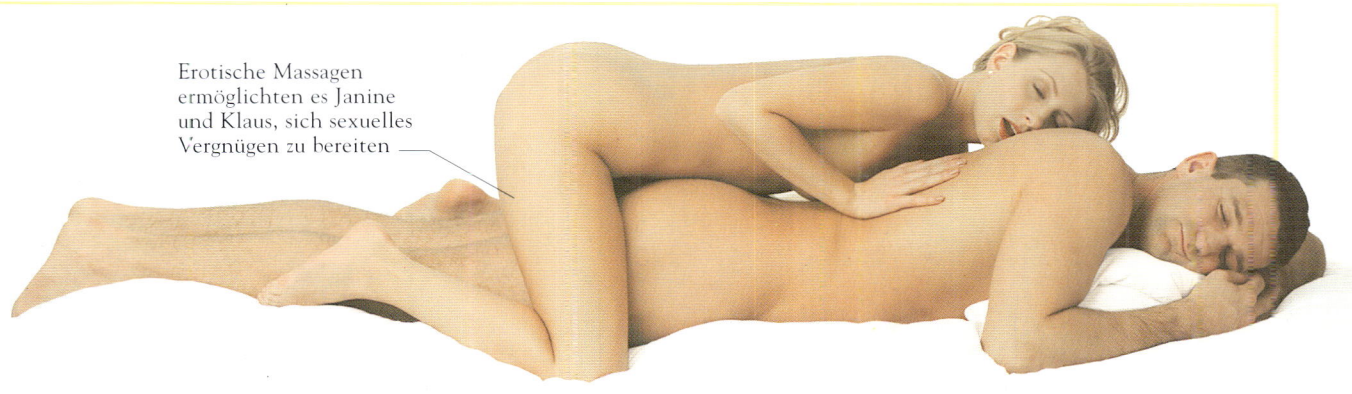

Erotische Massagen ermöglichten es Janine und Klaus, sich sexuelles Vergnügen zu bereiten

SINNLICHES VERGNÜGEN

Janine ging bereitwillig auf den Vorschlag ein, die sexuelle Beziehung zu Klaus spielerisch anzugehen und sich gegenseitig sinnliches Vergnügen zu schenken. Das half ihm, dieses neue Sexualmuster entspannt zu genießen.

Klaus setzte auch weiter die manuelle und orale Stimulation ein, um Janine zum Höhepunkt zu bringen

ALLES WIEDER IN ORDNUNG

Nach ein paar Monaten war Klaus bereit, den Geschlechtsverkehr wiederaufzunehmen. Er war erfreut und erleichtert, als er entdeckte, daß sein Körper wieder richtig reagierte. Obwohl er und Janine sich darüber freuten, setzen sie die erotischen Massagen und die anderen Techniken auch weiter ein.

Janine lernte bald, das Liebesspiel auch ohne Geschlechtsakt zu genießen

EXTREME GEFÜHLE

Mit Trauer umgehen

Die normalen Begleiterscheinungen der Trauer – Schock, Erstarrung, Verneinung und Schmerz, Wut, Schuldgefühle und Frustration sowie Depressionen, Erschöpfung und Verzweiflung – verschwinden schließlich wieder, aber es ist wichtig, diese Gefühle zuzulassen. Allzuoft glaubt man, die Trauer müsse nach einer bestimmten Zeit vorüber sein. Man empfindet es als Schwäche und irritierend für andere, länger als üblich zu trauern. Die Unterdrückung des natürlichen Trauerprozesses führt jedoch zu einer Verlängerung der Trauerzeit.

Erholung von der Trauer
Es ist sehr wichtig, einen Menschen zu haben, der fürsorglich ist und Unterstützung anbietet, wenn Trauer abgearbeitet wird. Handelt es sich bei diesem Menschen jedoch um den Partner, können Schwierigkeiten auftreten, wenn die Trauer negative Auswirkungen auf ihn und auf die Beziehung hat.

Selbst wenn Sie ständig weinen und den Eindruck haben, Ihre Gefühle seien hoffnungslos außer Kontrolle geraten, sollten Sie sich klarmachen, daß diese offene Trauer Ihnen hilft, Ihren Schmerz zu überwinden. Ihre Trauer oder die eines anderen sollte Ihnen nie peinlich sein. Jeder, der schon einmal einen Todesfall erlebt hat, wird Ihren Schmerz verstehen.

Die Stadien der Trauer
Das erste Stadium der Trauer ist gekennzeichnet durch Schock, Erstarrung und Ungläubigkeit. Das Gefühl der Erstarrung kann erschreckend sein, vergeht aber bald wieder. Häufig will der Trauernde das Geschehene nicht akzeptieren. Das kann für Freunde, vor allem aber für den Partner, beunruhigend sein.

Der Schmerz des Verlustes
Wenn die anfängliche Erstarrung vorüber ist, kann eine Phase großen emotionalen Schmerzes einsetzen, der sich gelegentlich auch als körperlicher Schmerz bemerkbar macht. Viele Therapeuten gehen davon aus, daß es sich hierbei um einen sehr hilfreichen und notwendigen Teil des Trauerprozesses handelt, da der Trauernde den Verlust wahrscheinlich erst akzeptieren kann, wenn er sich von seinem Schmerz befreien kann.

Der Umgang mit Schuldgefühlen und Wut
Das dritte Stadium der Trauer ist nicht selten gekennzeichnet von großer Wut und Schuldgefühlen. Oft richtet sich dieser Zorn gegen den Verstorbenen, weil er die Zurückgebliebenen verlassen hat, gegen andere Familienmitglieder oder Menschen, die etwas mit dem Todesfall zu tun hatten – beispielsweise ein Arzt. Der Schmerz kann

durch Schuldgefühle des Trauernden noch verstärkt werden. Sie können dadurch verursacht werden, daß man das Bedürfnis hat, den Tod eines geliebten Menschen zu rechtfertigen oder die Schuld auf sich zu nehmen, weil es sonst keine Rechtfertigung dafür gibt. Schuldgefühle können aber auch auf ungelöste Konflikte mit dem Verstorbenen zurückzuführen sein oder auf das Gefühl, daß etwas Wichtiges nicht ausgesprochen wurde. Es kann auch vorkommen, daß sich der Trauernde gerade von den Menschen entfremdet, die er in dieser Zeit am meisten braucht.

ERHOLUNG

Die letzte Phase der Trauer kann die schwerste sein. Denn wenn sich der Wunsch einstellt, wieder zu einem normalen Leben zurückzukehren, wird man darüber wahrscheinlich erschrocken sein. Wenn der Trauernde glaubt, eine neue Beziehung sei dem Toten gegenüber illoyal, scheut er sich möglicherweise, neue Freundschaften zu schließen oder zieht sich vielleicht sogar von alten Freunden zurück. Gefühle von Treulosigkeit und mangelnde soziale Kontakte während der Zeit des Trauerns können auch körperliche Beschwerden verursachen. Klaus (*siehe Seite 152–155*) stellte fest, daß die Erinnerung an seine Frau bei ihm zu sexuellen Problemen führte, als er eine neue Beziehung einging. Hat Ihr Partner in jüngster Vergangenheit einen Trauerfall erlebt, ist es wichtig, daß Sie ihn nicht in eine Situation drängen, die ihn verwirren oder verletzen könnte.

ERHOLUNG

Sie haben das Schlimmste hinter sich, wenn Gefühle wie Zorn und tiefe Trauer durch »normale« Traurigkeit abgelöst werden. Statt jedesmal in Tränen auszubrechen, wenn der Name des Verstorbenen fällt, werden Sie sich gerne an gemeinsame gute Zeiten erinnern, sich aber gleichzeitig immer des Verlustes bewußt sein.

MIT TRAUER UMGEHEN

Es kann beunruhigend sein, den Partner leiden zu sehen und sich hilflos zu fühlen. Doch seien Sie versichert, daß jede Unterstützung, die Sie anbieten, dem Betroffenen sehr helfen wird. Sie sollten nicht das Gefühl haben, für Ihren Partner jede Bedeutung verloren zu haben, wenn er trauert. Wahrscheinlich leidet er zu sehr, um zu erkennen, daß Sie mit ihm trauern.

1. *Wenn Ihr Partner unter Schock steht und den Verlust nicht wahrhaben will, müssen möglicherweise Sie die Beerdigung in die Wege leiten. Versuchen Sie, ihn vorsichtig in die Vorbereitungen mit einzubeziehen, damit er den Todesfall leichter akzeptieren kann.*

2. *Wenn Ihr Partner unkontrollierbar weint, unter Schlaf- und Appetitlosigkeit oder Gewichtsverlust leidet, sollten Sie ihn besonders stark unterstützen. Für viele Menschen gilt die Beerdigung als Ende der Trauerzeit, aber die Gefühle richten sich kaum nach solchen profanen, gesellschaftlichen Regeln.*

3. *Empfindet Ihr Partner Wut und Schuld, braucht er Verständnis und Vergebung, vor allem dann, wenn sich die Wut ungerechterweise gegen Sie richtet. Versuchen Sie Ihren Partner zu ermutigen, seine Gefühle auszudrücken, selbst wenn Sie dann seinen Zorn ertragen müssen.*

Während Ihr Partner versucht, mit seiner Trauer fertig zu werden, ist es wichtig, daß er nicht zu lange allein ist. Schmerz und das Gefühl der Leere lassen sich viel leichter ertragen, wenn sich jemand um den Trauernden kümmert und Unterstützung und Trost anbietet.

REGISTER

A

Abneigungen überwinden 120
Adler, Alfred
　über das Wohlgefühl 38
　über Reaktionen 37
Änderungen einführen 24
Aktiv werden 78–83
　in der Kommunikation 59
Alkoholmißbrauch 79
Angriff, verbaler 60
Anmerkungen zu den Fällen
　Andrew und Vicki 105
　Anna und Robert 41, 115
　Bernd und Diana 23, 75
　Christoph und Alexa 81
　Eva und Andreas 55
　Jan und Antje 97
　Julia und Paul 29, 119
　Klaus und Janine 153
　Klaus und Tina 71
　Maria und Julio 63, 137
　Takis und Petra 49, 145
　Thomas und Nicole 91
　Ute und Matthias 129
Anpassung 16
Antidepressiva 140
　Nebenwirkungen 135
Austauschen und lernen 73

B

Bequemlichkeit 36
Beziehungen
　Kindheit 26
　gemischte Kulturen 44

C

Charakteranalyse 95
Charakterprofile 32

D

Depressionen 134–142
　Betroffene 134
　　Anzahl 134
　　Unterstützung für 141
　PMS und 135, 141
　schützende 140
　sexuelle 134–135
　Symptome 140
　Umgang mit 141
　Ursachen von 134–135
　wegen sexueller Leistung 38
Durchsetzung 78

E

Ehen
　gemischte 45
　offene 80
Eifersucht 142–149
　Auseinandersetzung mit 148
　begründete 143
　defizitäre 143
　Ehrlichkeit und
　　Unterstützung 148
　Handhabung 149
　pathologische 143
　positive 142
　Psychotherapie für 149
　Selbsthilfe 149
　Umgang mit 149
　und geringe
　　Selbstachtung 148
　und Unsicherheit in der
　　Kindheit 149
　und Unterstützung 148
　unkontrollierbare 142
　Ursprung der 142
Einflüsse, kulturelle 56
Einschüchterung, verbale 61
**Einstellungen,
　unterschiedliche** 44–46
　Anpassung an 45
　erkennen 45
　Probleme 44
Erwartungen 20
　gegensätzliche 21–25
　harmonisieren 32
　identifizieren 17
　und Änderung 21
　unrealistische 109
　verstehen 20, 32

F

Fallstudien
　Auseinanderdriften
　　102–105
　Eine offene Ehe 80–83
　Eine Pause vom Sex 74–77
　Eine reifende
　　Beziehung 90–93
　Einseitige Gespräche 68–71
　Ernsthafte Konkurrenz 96–99
　Gegensätzliche
　　Auffassungen 118–121
　Gegensätzliche
　　Erwartungen 22–25
　Hemmungen 28–31
　Kulturbedingte Konflikte
　　46–49
　Mangelndes Verlangen
　　136–139
　Mißtrauen und Schuld-
　　gefühle 144–147
　Nicht gut im Bett? 40–43
　Ständiges Unterbrechen
　　62–65
　Süchtig nach Wut 128–131
　Zu müde für Sex 112–115
**Falsche Vorstellungen
　ausräumen** 116
Familie
　Einflüsse 26–32
　erweiterte 20
　Kernfamilie 20
　Konstellationen 32
Feedback
　geben 67
　Fortschritte machen 126
　Freizeitaktivitäten 39
　Fürsorge 38
　Zuhörer 66
Freizeitaktivitäten 39
Fühlung wiederaufnehmen 92

G

Geburtenfolge 26
　Charakter und 26
　Hemmungen und 27
　Schüchternheit und 28
Gefallsucht 36
Gefühle
　besser verstehen 38–43
　des Partners 34
　extreme 123–157
　mitteilen 72
Gespräche 60–65
　Struktur 66
　unbefriedigende 66
Grenzen setzen 146

H

Handy, Charles 110
Hemmungen
　abbauen 122
　erworbene 27–31
　Körpersprache 95
　überwinden 30
**Hintergrund, unter-
　schiedlicher** 44
Hite, Shere 117

I

Ich 8
Initiative miteinander teilen 54
Instinkte 89
Interesse wiederbeleben 42
Intimität 110–122
　erneuern 111
　finden 111
　Freude der 117
　körperliche Veränderung
　　und 112
　nachlassende 110
　Sex und 111
　sexuelle 109
　sich öffnen 116
　steigern 116–122
　Suche nach 110
　Vertrauen und 117
　Vorteile der 109

K

Kampf zulassen 126
Kind
　drittes 27
　Einzel- 27
　erstgeborenes 26
　zweites 27
Kindheit
　Erfahrungen 61
　Überzeugungen 20
Kinsey, Alfred 117
Körperkontakt
　einsetzen 100
　im Bett verbessern 100
　lernen 100–105

Körpersprache 86–99
  Affektverlagerung 86
  Bewegung und 86
  bewußt machen 89
  Charakteranalyse 95
  flirten 89
  Grundtechniken 88
  Hemmungen 95
  herausputzen 89
  im Bett 94–99, 106
  Kommunikation durch 87
  Nervosität 94
  reagieren auf 88
  Spiegeltechnik 88
  Verkrampftheit 95
  werben 89
  zuhören 66
Kommunikation
  dreistufige 84
  Rolle der 58
  Zusammenbruch der 67
Kompromiß 84
  aushandeln 78
  eingehen 76
  sexueller 76
  Wert eines 72
Konflikte vermeiden 19
Kontrolle 37
  aufgeben 37
  von Reaktionen 37
Kummer, tiefsitzender 124

L

Lebenssinn 39

M

Massage 100–106
  anbieten 100
  erotische 106
  Massagegriffe 101
  Variation des Drucks 101
  Vorbereitungen für die 101
Masturbation
  Mythen über 116
  weibliche 96
Moralische Einflüsse 18
Moralvorstellungen
  ändern 18
  persönliche 19
  widersprüchliche 18
Mosak, H. H. 56

N

Nähe 125

O

Optionen 108

P

Persönlichkeitsspezifische Prioritäten 34
  eigene Prioritäten ermitteln 56
Persönlichkeitstypen 36
  festlegen 56
Phantasien, sexuelle 21
Positive Schritte 79

R

Reaktionen kontrollieren 37
Realität, Auseinandersetzung mit der 48
Rebellion 51
Reden 60
Respekt 58
Rowe, Dorothy 134

S

Schlüssel-Übung 84
Schweigen 61
Selbsterkenntnis 16
Selbstwertgefühl 39
Sex
  Mythen 116
  Pause vom 74–77
  sexuelle Reaktionen 116
  sexuelles Glück wiederfinden 154
  und Intimität 111
  Vertrauen und 117
Sexualverlangen 52
Sich abwechseln 64
Sich aufeinander einstellen 45
Sich entschuldigen 79
S-Kurve 110
  Anwendung der 111
Sinnliche Berührung 100
Steiner, Claude 148
Stimulierung 116

T

Trauer 150–157
  Begleiterscheinungen 156
  bei Scheidung 151
  eingefrorene 151
  Erholung von der 156
  Neubeginn 151–155
  Schmerz des Verlusts 156
  Schuldgefühle und 156
  sexuelle 153
  sexuelle Komponente der 151
  Stadien der 156
  Symptome der 150
  Umgang mit 156
  Wut und 156
  zwanghafte 151
Trost suchen 36

U

Überheblichkeit 37
Überzeugungen
  ändern 20
  Anpassung lernen 51
  Entwicklung von 50
  Familie 50
  Kindheit 20
  Pubertät und 51
  sexuelles Glück und 51
  übereinstimmende 50
  Vergleich von 56
Übungen
  »Darf ich?« 84
  dreistufige Kommunikation 84
  erotische Massagen 106
  Erwartungen verstehen 32
  Familienkonstellationen 32
  Festlegung Ihres Persönlichkeitstyps 56
  Geben und nehmen 73
  Heiß und kalt 84
  Hemmungen abbauen 122
  »Ich sollte« 84
  Ja/Nein 78
  kleine Schritte 122
  Körpersprache im Bett 106
  Kompromiß 84
  kulturelle Einflüsse 56
  Schlüssel-Übung 84
Ungleichheit 21
Unsicherheit 38
Unterschiede
  erkennen 45
  handhaben 35

V

Vage Unruhe 108
Verantwortung 58
Vereinbarungen, realistische 73
Vergeltung, verbale 60
Verhalten
  Masturbation 96–99
  Muster 21
Verhandeln 72–77
  in der Kommunikation 59
  Optionen 109
  Wut und 127, 133
Verhandlung
  Bedeutung von 109
  Bereitschaft zu 73
Verlangen
  geheimes 21
  neu entfachen 138
  neuerwachendes 104
  wiederwecken 114
Versagensangst 40
Versprechen erfüllen 78
Vertrauen
  beim Partner 117
  und Sex 117
  wiedergewinnen 149
Vorstellungen, unterschiedliche 16

W

Wärme 101
Wahrheit, sich auseinandersetzen mit der 39
Wertenormen 50–56
Wut 126–133
  aufgestaute 133
  Einstellungen zur 127
  Langeweile und 130
  Leidenschaft und 127–131
  Lösung 132
  Reaktion des Partners auf 127
  Schritte gegen die 130
  sich auseinandersetzen mit 126
  Trauer und 156
  umgehen mit 132

Z

Zuhören 66–71
  in der Kommunikation 59
  Konzentration 67
  lernen 70
  Probleme 67
Zusammenarbeiten 72
Zwillinge 27

Weiterführende Literatur

ADLER, ALFRED
Menschenkenntnis
Fischer Verlag,
Frankfurt am Main 1966

ADLER, ALFRED
Der Sinn des Lebens
Fischer Verlag,
Frankfurt am Main 1974

BELLIVEAU, FRED und RICHTER, LIN
Understanding Human Sexual Inadequacy
Coronet, London 1971

COHEN, DAVID
Körpersprache in Beziehungen
Rowohlt Verlag, Reinbek 1995

DINKMEYER, DINKMEYER und SPERRY
Adlerian Counselling and Psychotherapy
Merrill Publishing Co., Carmel 1979

DOWRICK, SEPHANIE
Zu zweit allein
Frauenoffensive, München 1991

GRAY, JOHN
Auseinandergeliebt: wie Paare ihrer Beziehung neue Energie geben können
Südwest Verlag, München 1996

GRAY, JOHN
Männer sind anders. Frauen auch.
Goldmann Verlag, München 1993

HOOPER, ANNE
Alles über Sex
Mosaik Verlag, München 1996

HOOPER, ANNE
The Body Electric
Pandora, London 1991

HOOPER, ANNE
The Thinking Woman's Guide to Love and Sex
Futura, Armonk 1984

HOOPER, ANNE
The Ultimate Sex Guide
Dorling Kindersley, London 1992

KERN, ROY, HAWES, E. CLAIR und CHRISTENSEN, OSCAR C.
Couples Therapy; An Adlerian Perspective
Educational Media Corporation, 1989

LITVINOFF, SARAH
The Relate Guide to Better Relationships
Ebury Press, London 1991

MORRIS, DESMOND
Körpersignale. Vom Dekolleté zum Zeh
Heyne Verlag, München 1993

ROWE, DOROTHY
Ich entscheide mich für das Leben. Der Weg aus der Depression
Kösel Verlag, München 1986

WILSON, BRADFORD und ENDINGTON, GEORGE
First Child, Second Child
Souvenir Press, London 1981

Danksagung

Porträt der Autorin: Jules Selmes
Fotoassistenz: Neil Guegan
Frisuren und Make-up: Penny Attwood, Andrea Black, Bettina Graham
Designassistenz: Mercedes Morgan, Carmel O'Neill, Karen Sawyer
Lektoratsassistenz: Simon Warmer
Produktionsberater: Lorraine Baird